24705

MUSÉE DE NANTES.

CATALOGUE

DES

TABLEAUX ET STATUES

DU MUSÉE DE NANTES.

CINQUIÈME ÉDITION.

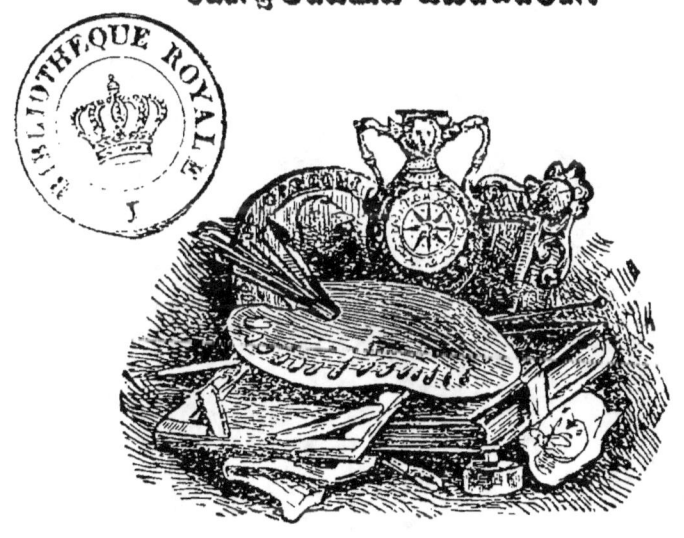

NANTES,
IMPRIMERIE DE M.me VEUVE CAMILLE MELLINET.

1846.

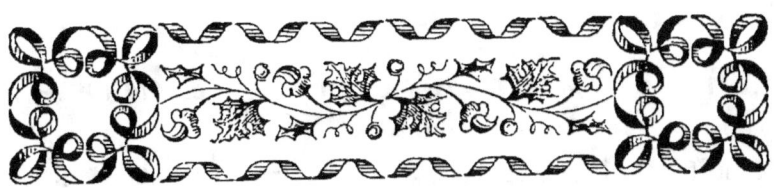

CATALOGUE

DES

TABLEAUX ET STATUES

DU MUSÉE DE NANTES.

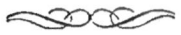

ACHARD (J.).
Artiste vivant.

N.º 1. — Vue des environs de la Chartreuse de Grenoble.

Largeur, 1 m. 28 c.; hauteur, 0 m. 90 c.

AKORF (J.). *École hollandaise.*

2. — Marine; coup de vent dans une rade.
On aperçoit au loin une ville de Hollande.
Largeur, 0 m. 80 c. sur 0 m. 57 c.

ALBANE (François Albani, *dit* l'). *École lombarde.*

Naquit à Bologne en 1578, et y mourut en 1660. Denis Calvart lui donna les premiers principes, puis il entra dans l'école des Carrache. Après un long séjour à Rome, il se fixa à Bologne, où il épousa une belle femme dont il eut douze beaux enfants, qui lui servirent de modèles pour les groupes d'amours dont il enrichit ses gracieuses compositions. Ses élèves principaux furent les deux Mola, André Sacchi, Cignani et Bibiena.

3. — Narcisse se mirant dans une fontaine.

On voit, au second plan, deux nymphes se moquant de lui, et l'amour qui s'envole. Joli tableau plein de suavité.

4. — Saint-Jean baptisant Jésus-Christ dans les eaux du Jourdain.

Plusieurs artistes habiles, qui ont vu ce tableau, n'ont pas hésité à le classer parmi les plus beaux sortis de la main de l'Albane.

Hauteur, 3 m.; largeur, 2 m.

5. — Diane, surprise au bain par Actéon, le change en cerf.

Première idée d'un tableau qu'on voit au Musée Royal. Hauteur, 0 m. 38 c. sur 0 m. 68 c.

ANDRÉ DEL SARTO (Vannucchi). *École de Florence.*

Né à Florence en 1488; mort de la peste, dans la même ville, en 1530. Fils d'un tailleur d'habits, ce qui lui a valu le surnom de Sarto; il devint un des premiers peintres de son temps. Jean Baril et Pierre Cosimo furent ses maîtres; son application à étudier les ouvrages de Michel-Ange et de Raphaël, lui fit faire des progrès étonnants. L'Italie, et Florence en particulier, conservent des monuments de son génie. Appelé en France par François I.er, il peignit plusieurs tableaux pour ce roi, dont plus tard il abusa de la confiance. Ses figures ont quelque chose de grandiose ; mais on leur désirerait plus de grâce et d'expression ; son caractère froid et son imagination peu vive l'ont empêché de répandre dans ses ouvrages le feu qui leur manque. On compte parmi ses élèves, Jacques Pontorme, François Salviati et Georges Vasari.

6. — La Vierge, son fils et Saint-Jean-Baptiste.

Très-bel ouvrage dans sa première manière ; il est partout empreint du grand caractère des écoles florentine et romaine ; la figure de Saint-Jean est surtout de la plus grande beauté.

Attribué par quelques personnes à Fra Bartolomio.

Hauteur, 1 m. sur 0 m. 80 c.

7. — La Vierge et l'Enfant Jésus debout.

Première manière. Nous nous bornerons à dire que plusieurs amateurs ont attribué ce tableau à Raphaël. Manière de Perrugin.

Hauteur, 0 m. 90 c. sur 0 m. 67 c.

8. — La Charité.

Copie ou répétition du beau tableau qu'on voit au musée de Paris, lequel fut peint en 1518 pour François Ier. Nous disons répétition, parce qu'une copie, si bien soit-elle, ne peut reproduire un tableau avec le fini précieux et l'exactitude dans le coloris et le dessin qu'on remarque dans celui-ci.

Notre tableau est d'autant plus précieux, que la dégradation de celui de Paris est complète.

Hauteur, 1 m. 89 c. sur 1 m. 50 c.

9. — Sainte Famille.

Tableau qui a beaucoup souffert.

Hauteur, 1 m. 13 c. sur 0 m. 81 c.

10. — Sainte Famille ; la Vierge est coiffée d'un voile blanc doublé de jaune.

Hauteur, 1 m. sur 0 m. 81 c.

ANGELICO (B. Giov.), de Fresole.

Moine connu sous le nom du père Angelico, de Florence, vivait du temps de Masaccio.

11. — Annonciation (peinte sur ardoise).

Quoique d'un dessin gothique, ce tableau est charmant et d'un fini précieux.

Largeur, 0 m. 40 c. sur 0 m. 27 c.

APPELMANN (Bernard). *École hollandaise.*

Né à la Haye en 1640, mort en 1686. Sa vie est fort peu connue; cependant il fut un des meilleurs paysagistes de son temps, et a surtout excellé à représenter des vues d'Italie. Son paysage est de bon goût, ainsi que les figures qu'on y voit. Ses ouvrages sont fort rares, surtout en France.

12. — Paysage, site pittoresque.

Vieux château sur une montagne pyramidale ; vastes ruines sur le bord d'une flaque d'eau où se désaltèrent des bœufs. Ce morceau est fort remarquable pour la composition, la couleur et l'exécution. Le ton en est chaud, la touche fine et le ciel lumineux. (*Signé* B. Appelmann.)

Hauteur, 0 m. 67 c. 5 mill. sur 0 m. 65 c.

ARETUSI (*ou* Munari-Degli-Aretusi-César).

Citoyen de Bologne, mort en 1612, né à Modène.

13. — Les Trois Grâces ; très-beau tableau digne du Corrège, qu'il chercha à imiter.

Hauteur, 2 m. sur 1 m. 50 c.

ASSELYN (Jean). *École hollandaise.*

Né vers 1610, il mourut à Amsterdam en 1660. Élève d'Isaïe Vanden-Velde, peintre de bataille, il suivit la manière du Bamboche. Un long séjour en Italie et l'étude de la nature formèrent son goût; et, à son retour en Hollande, ses ouvrages mirent sur la bonne voie les peintres, ses compatriotes, qui jusqu'alors avaient tenu les fonds de leurs tableaux trop bleus ou trop verts. Ses ouvrages reproduisent souvent des vues d'Italie, et en particulier de la campagne de Rome. Sa touche est franche et légère ; sa couleur, chaude et lumineuse.

14. — Paysage pris dans la campagne de Rome : une tour, hommes et bestiaux (sur bois).
Hauteur, 0 m. 32 c. 5 mill. sur 0 m. 24 c. 3 mill.

BAKUYSEN (Louis). *École hollandaise.*

Naquit à Embden en 1631, et mourut à Amsterdam en 1709. Il s'appliqua à peindre des marines ; et, curieux de se perfectionner dans son art, il s'exposa souvent, pendant les plus violentes tempêtes, dans de petites barques. Son courage et son assiduité à examiner la nature donnèrent à ses ouvrages beaucoup de vérité. On le place parmi les plus célèbres peintres hollandais.

15. — Marine au clair de lune ; on carène une barque.
Largeur, 0 m. 80 c. sur 0 m. 57 c.

16. — Marine (sur bois).
Largeur, 0 m. 38 c. sur 0 m. 32 c. 5 mill.

BAWR (Wilhelm). *École allemande.*

Né à Strasbourg en 1610. Il voyagea en Italie et peignit dans le genre de Jean Miel et du Bamboche.

17. — Marchand de liqueur dans un paysage.
Petit tableau touché spirituellement.
Hauteur, 0 m. 16 c. sur 0 m. 10 c.

BARBOT, de Nantes.
Artiste vivant.

18. — Paysage. Vue d'un aqueduc antique, près de Tivoli.

19. — Paysage offert par l'auteur à sa ville natale.
Charles II, vaincu à Worcester, est recueilli sous un nom supposé au château de Woodstock, par un cavalier fidèle, dont la fille Alice est seule dans le secret du fugitif.

Markaim Évrard, colonel attaché à Cromwell et prétendu d'Alice, jaloux de ses attentions pour l'étranger, lui a envoyé un cartel par son ami Wildkake, qui lui sert de second ; le rendez-vous a lieu près du Chêne-Royal. Alice, d'accord avec le docteur Rochcliff, veut empêcher le combat entre son amant et celui qu'elle compromettrait en le nommant. Leurs discours énigmatiques sont vains. Alice s'évanouit. — Non! non! dit le roi, cela ne se peut plus à présent : Colonel Évrard, je suis Charles Stuart. Sujet tiré du roman de Woodstock, par Walter Scott.

Jacques BASSAN (Jacques da Ponte, *dit* le Bassan). *École vénitienne.*

Né à Bassano en 1510, mort en 1592. Étudia la peinture sous son père, François, puis se forma sur les ouvrages du Titien. Son coloris est beau, sa touche ferme; mais il imitait la nature sans choix, et ses compositions sont confuses; ayant peu de connaissances dans le dessin, il répétait souvent les mêmes attitudes, et évitait de montrer les mains de ses figures. Ses quatre fils furent tous peintres et ses élèves : François et Léandre eurent une réputation méritée. Jean-Baptiste et Jérôme ne firent que copier les ouvrages de leur père.

20. — Annonciation aux bergers.
Ce tableau a été gravé. Copie.
Largeur, 1 m. 11 c. sur 0 m. 76 c.

21. — Adoration des bergers.
Largeur, 0 m. 73 c. sur 0 m. 65 c.

Léandre BASSAN (Léandre da Ponte). *École vénitienne.*

Fils du précédent, et le plus connu des quatre.

22. — Frappement du Rocher.
Des bergers abreuvent leurs moutons, d'autres recueillent de l'eau dans des vases.
Largeur, 1 m. 50 c. sur 1 m.

23. — La Nativité de la Sainte-Vierge, tableau surnommé l'Œuf mollet.
Hauteur, 1 m. 32 c. sur 1 m. 81 c.

24. — Jésus chassant du temple les vendeurs.
Esquisse d'une bonne couleur.
Hauteur, 0 m. 62 c. sur 0 m. 80.

LE BENEDETTE (Benedetto Castiglione, *dit*).
École génoise.

Né à Gênes en 1616, et mort à Mantoue en 1670. Ses premiers maîtres furent génois. Mais, à l'arrivée de Van-Dyck à Gênes, il se mit dans son école, où il forma son coloris. Dans son voyage en Italie, il s'arrêta principalement à Venise, pour y travailler d'après les grands peintres de cette école. Il peignait bien tous les genres, mais principalement les animaux.

25. — Animaux. Sacrifice avant l'entrée dans l'Arche.
Largeur, 2 m.; hauteur, 1 m. 65 c.

26. — Animaux. Entrée dans l'Arche.
Pendant du précédent.

27. — Troupeau de chèvres et de moutons descendant un coteau.
Hauteur, 0 m. 40 c. sur 0 m. 33 c.

28. — Paysage. Bergers hâtant la marche d'un troupeau. Ruines.
Largeur, 1 m. 33 c. sur 0 m. 66 c.

29. — Jeune Fille sur un cheval blanc, hâtant la marche d'un troupeau.

30. — Repos d'animaux.

BLANCHARD (Jacques). *École française.*

Il naquit à Paris en 1600, et y mourut en 1638. Nicolas Bolery, son grand-père, et Horace Leblanc, de Lyon, furent ses premiers maîtres. Ensuite, il alla à Rome, et de là à Venise, où les ouvrages des grands coloristes de cette école le retinrent deux ans. Il y profita si bien, qu'on lui doit d'avoir introduit en France le bon goût dans le mélange des couleurs, et que les ouvrages qu'il fit à son retour, lui valurent le surnom de Titien français. Son fils Gabriel soutint la réputation de son père.

31. — La Vierge, son fils et le petit Saint-Jean. Celui-ci tient un chardonneret, que paraît désirer Jésus.

Ce tableau passe pour un des meilleurs de cet excellent maître.

Carré de 0 m. 92 c. de diamètre.

BLANCHARD (L.-Gabriel). *École française.*
Fils et élève du précédent.

32. — Portrait des Révérends Leseur et Jacquier, mathématiciens et astronomes à Rome.

Ce tableau est signé L.-G. Blanchard, 1772. Bon tableau; l'expression naturelle des personnages est frappante.

Hauteur, 1 m. 24 c. sur 1 m.

Henri de BLESS, plus connu sous le nom de CIVETTA (*Chouette*), parce qu'il introduisait cet oiseau dans ses paysages.

Né en Flandres, mais de l'École vénitienne, il composait dans le genre de Bassan, et avait la couleur des peintres du premier temps de la peinture.

33. — Femme trayant une chèvre, chasseur portant un lièvre, trois chiens près de lui.

BLOEMAERT (Abraham). *École hollandaise.*
Né à Gorcum en 1567, mort à Utrecht en 1647.

On ne lui connaît pas de maître; il paraît s'être formé

le goût par son seul génie. Il consultait peu la nature ; sa mémoire et son imagination suffisaient à tout, car il eut presque toutes les qualités d'un grand peintre. Corneille Poelembourg, Gerard Honthorst, J.-B. Weninx, les frères Both, furent ses élèves.

34. — Madeleine repentante. Elle conserve encore tous les ornements de la vanité; mais, touchée par le repentir, elle se voue à la pénitence. Signé A. Bloemaert, 1619.
Hauteur, 1 m. 43 c. sur 1 m.

BOHNN (Kermann).
Artiste vivant.

35. — Mort de Cléopâtre.
Hauteur, 1 m. sur 1 m. 30 c. de largeur.

BOL (Ferdinand). *École hollandaise.*
Naquit à Dordrecht, et fut élève de Rembrant; il mourut en 1681.

36. — Le Dentiste.
Petit tableau remarquable par sa gaieté et une touche spirituelle.
Hauteur, 0 m. 27 c. sur 0 m. 19 c.

BENEFIALE (le chevalier Marco).
Né à Rome en 1684, mort en 1774.

37. — Baptême d'un Saint. Esquisse.
Hauteur, 0 m. 43 c. sur 0 m. 32 c. 5 mill.

BONIFACIO VERONESE.
Il naquit à Vérone en 1491, et mourut en 1553. Il suivit la manière du Titien avec tant de soin, que l'on demande encore à Venise, en voyant certains tableaux: Est-ce de Titien ou de Bonifacio ?

38. — La Sainte Famille (bois).
Largeur, 0 m. 46 c. sur 0 m. 56 c. 7 mill.

BOUDWINS (N.) et (François) BAUT. *École flamande.*

On croit le premier né à Bruxelles, où d'ailleurs il est mort, après y avoir vécu 40 ans; il peignait le paysage, et son ami Baut ornait de petites figures ses productions; tous deux avaient beaucoup de talent.

39. — Paysage. Moulin à eau, grandes fabriques, marchands conduisant des chevaux chargés.

Charmant paysage, animé par un grand nombre de petites figures spirituelles et pleines de mouvement.

Largeur, 0 m. 62 c. 8 mill. sur 0 m. 41 c. 2 mill.

BOURDON (Sébastien). *École française.*

Né à Montpellier en 1616, mort à Paris en 1671. Après quelques études en France, il alla en Italie, où il profita beaucoup par les leçons de Claude Lorrain et la vue des grands ouvrages des maîtres. Bientôt de retour en France, il se fit connaître; plus tard il passa en Suède, devint premier peintre de la reine Christine, et, enfin, revint à Paris en 1663, pour ne plus le quitter. Le Bourdon avait un génie fécond, beaucoup de feu, et sans doute trop de facilité à peindre, puisque cette facilité le détourna d'études approfondies. Aussi son dessin est-il incorrect; sa couleur brillante est souvent trop légèrement appliquée, et ressemble à un lavis. On doit néanmoins le compter parmi les premiers peintres de l'école française. On compte parmi ses élèves, Guillerot, bon paysagiste, et Nicolas Loir.

40. — Martyre de Sainte-Agnès.
Esquisse très-bien composée.
Hauteur, 0 m. 46 c. sur 0 m. 29 c. 5 mill.

41. — Paysage orné de monuments et de ruines antiques. Personnages costumés historiquement, conduisant un cheval chargé de bagages, des moutons et des chèvres.

Genre de Van der Kabel.
Ce tableau est gravé dans l'œuvre de Bourdon.

42. — Un Ange indique un passage de l'Écriture sainte à Sainte-Rose, de Lima (sur bois).
Genre de E. Lesueur.
Tableau gracieux.
Hauteur, 0 m. 27 c. sur 0 m. 19 c.

43. — Eliezer et Rebecca.
Largeur, 1 m. 43 c. sur 1 m. 16 c.

44. — Adoration des bergers.
Très-bons tableaux, bien composés.
Largeur, 1 m. 43 c. sur 1 m. 16 c.

45. — La femme adultère. Jésus écrivant : Que celui qui est sans péché lui jette la première pierre.
Croquis.
Hauteur, 0 m. 59 c. 5 mill. sur 0 m. 50 c.

46. — Diane délivrant Iphigénie, au moment du sacrifice.
Esquisse terminée, bon tableau.
Hauteur, 0 m. 43 c. sur 0 m. 33 c.

BOLOGNESE (JEAN-FRANÇOIS GRIMALDI, *dit* LE).
École lombarde.

Il naquit à Bologne en 1606, entra dans l'école des Carrache, et s'adonna au paysage, quoiqu'il dessinât bien la figure. Attiré à Paris par Mazarin, il fut occupé à orner le Louvre pendant trois ans. Ses sites sont bien choisis, son coloris vigoureux et frais, sa touche savante et légère ; ses paysages peuvent servir de modèle à ceux qui veulent peindre ce genre. Il mourut à Rome en 1680, laissant un fils nommé Alexandre, et assez bon peintre.

47. — Petit paysage rond, vue prise sur les bords de la mer.
On voit un cavalier sur le premier plan (sur bois).
0 m. 21 c. 5 mill. de diamètre.

BOURGUIGNON (Jacques Courtois, *dit* le).
École française.

Né à Saint-Hippolyte en 1621, et mort à Rome en 1676; il avait pris l'habit de jésuite.

Jean Courtois, son père, bon peintre, fut son maître. A l'âge de 15 ans, il se rendit en Italie, suivit l'armée, pour dessiner les marches, campements, siéges et batailles. Son intelligence, la fréquentation des grands maîtres, le Guide et l'Albane, ainsi que les ouvrages de Jules Romain, le rendirent célèbre peintre de batailles. Ses compositions sont pleines de feu, son dessin correct, et son coloris vigoureux. Joseph Parrocel fut son élève.

48. — Champ de bataille après le combat.
Bon tableau.
Largeur, 0 m. 67 c. 5 mill. sur 0 m. 41 c.

BONZEL DE PARME.

L'auteur de cette notice a vu dans le Musée de Bordeaux des tableaux, de la même main que le suivant, attribués à un peintre nommé Bonzel de Parme, sur le compte duquel il n'a rien pu trouver.

49. — Un chien flaire du gibier mort; geais, étourneaux, chardonnerets, etc.
Largeur, 1 m. sur 0 m. 70 c.

BOEYERMANS (T.) *École flamande.*

Fut élève de Van-Dyck en Flandres, et de Guerchin en Italie; maître estimé; il travailla en participation avec Jordaens, mais plus souvent seul. Il ne peignit guère que l'histoire. Ses ouvrages sont nombreux en Belgique, et fort rares en France.

50. — Les vœux de Saint-Louis de Gonzague.
Il abandonne toutes les pompes mondaines et fait profession dans l'ordre des jésuites.

L'exécution savante de ce grand ouvrage et la beauté

du coloris donnent une grande idée du talent de Boeyermans. Ce tableau est signé T. Boeyermans, 1671.

Largeur, 5 m. 14 c. sur 3 m. 19 c.

BOTH (Jean, *dit* Both d'Italie). *École hollandaise.*

Né à Utrecht en 1610. Le surnom de Both d'Italie lui fut donné à cause du long séjour qu'il y fit. Son père lui apprit à dessiner, et Abraham Bloemaert à peindre ; en sortant de chez ce dernier, il se rendit en Italie avec André Both, son frère. Il imita la manière de Claude Lorain si parfaitement, que la réputation de ce dernier en fut diminuée, d'autant que les figures qu'André Both plaçait dans les tableaux de son frère, étaient supérieures à celles de Claude. Quoique peints de la main des deux frères, leurs ouvrages paraissent sortis du même pinceau ; leur pratique est facile, très-piquante par les beaux effets de lumière. Leur couleur est chaude. En 1650, André tomba dans un canal, et se noya ; son frère ne put lui survivre, et mourut de chagrin la même année, à Utrecht.

51. — La mer d'un temps calme, à l'entrée d'un port de la Méditerranée ; barques de pêcheurs, entrant et sortant.

Une tour de signaux occupe le centre de ce tableau, qui est du plus bel effet par la manière dont il est éclairé. C'est la nature même.

52. — Paysage au soleil couchant.

Ruines d'un ancien château, placées sur des rochers qui vont se perdre à l'horizon. Danses de nymphes et de satyres, et, sur le devant, deux femmes qui passent un gué avec leurs bestiaux.

Largeur, 1 m. sur 0 m. 66 c.

53. — Paysage. Crépuscule.

Largeur, 0 m. 62 c.; hauteur, 0 m. 48 c.

BOTTICELLI (Sandro).

Né à Florence en 1437, mort en 1515.

54. — La Vierge caressée par l'Enfant Jésus (bois). Peinture en détrempe.
Hauteur, 0 m. 73 c. sur 0 m. 51 c. 5 mill.

BRASCASSAT.
Peintre vivant à Paris, né à Toulouse.

55. — Taureau noir-brun sur le 1.ᵉʳ plan, et autres animaux dans une prairie.
Ouvrage admirable de vérité.
Largeur, 1 m.; hauteur, 0 m. 80 c.

BRAKENBÜRG (Reinier).
Élève de Mommers. Naquit à Harlem en 1649.

56. — Fête flamande ou Kermesse.
Grand tableau de ce peintre, bel ouvrage.
Largeur, 1 m. 32 c. sur 0 m. 80 c.

BREDAEL (Pierre Van). *École flamande.*
Né à Anvers en 1630; sa mort est inconnue. On suppose qu'il a passé quelque temps en Italie, par les sujets qu'il a représentés et la couleur chaude de ses tableaux. Ses ouvrages sont rares et recherchés.

57. — Un taureau, moutons et chèvres dans un paysage italien.
Ce tableau, signé P. Bredael, a souvent été attribué aux plus habiles peintres italiens en ce genre. En effet, il est d'un style élevé, d'un ton chaud et vigoureux.
Largeur, 0 m. 81 c.; hauteur, 0 m. 57 c.

58. — Un chien qui vient de renverser un panier de petits pains. (*Signé* P. V. B.)
Hauteur, 0 m. 92 c. sur 0 m. 70 c.

59. — Un coq, deux poules et un pigeon dans une corbeille.

60. — Une poule défendant ses poussins contre un petit chien.

Ces deux jolis tableaux font pendants, et sont signés P. V. B. 1612.

Largeur, 0 m. 62 c.; hauteur, 0 m. 54 c.

BREEMBERG (Bartholomé).

Il naquit à Utrecht vers 1620. Mort en 1660.

61. — Petit paysage et ruines en Italie.
Largeur, 0 m. 13 c. 5 mill.; hauteur, 0 m. 16 c.

BREUGHEL LE VIEUX (Pierre).
École flamande.

Né près de Breda en 1510; mort à Anvers, on ne sait précisément en quelle année. Élève de Pierre Lœck Van Aelst, et de Jérôme Kœch, de Bois-le-Duc. Un long séjour en Italie forma son talent; il en a souvent représenté les sites pittoresques. De retour dans son pays, il y prit ses modèles. Ses élèves sont Breughel de Velours, son fils, et Pierre Guesche, connu par de jolis paysages. Son autre fils, Pierre Breughel, dit d'Enfer, parce qu'il peignit des incendies et des scènes infernales, étudia sous Gilles Conningsloo.

62. — Effet de neige, grande scène d'hiver, bûcherons patineurs.

Très-beau tableau, peint avec finesse, et de la plus belle conservation.

Hauteur, 0 m. 81 c. sur 1 m. 22.

63. — (Genre de Pierre Breughel.) Scène d'hiver.

Patineurs sur un canal (sur bois).
Largeur, 0 m. 30 c. sur 0 m. 22 c.

BREUGHEL Abraham.) École flamande et école napolitaine.

Il naquit à Anvers en 1672; on le croit fils et élève

d'Ambroise Breughel. Comme il passa une grande partie de sa vie à Naples, il fut surnommé Breughel de Naples, ou le Napolitain. Dans cette dernière ville, il ne peignit guère que des fleurs et des fruits, avec une grande supériorité.
On lui attribue :

64. — Africain portant un vase de fleurs, qu'une jeune femme semble voir avec plaisir. Image du printemps.

Hauteur, 1 m. 66 c. sur 1 m. 16 c.

65. — Africaine coiffée d'un turban, portant une corbeille de fruits ; un enfant l'aide. Image de l'automne.

Pendant du précédent.

Les figures de ces deux magnifiques tableaux ne seraient point de la main de Breughel.

BREUGHEL (Jean, *dit* de Velours). *École flamande.*

Fils de Pierre Breughel, dit le Vieux. Il naquit à Bruxelles en 1575, on croit qu'il y mourut en 1642. Jean Breughel peignit d'abord des fleurs et des fruits, ensuite il s'adonna au paysage et aux marines, qu'il ornait de petites figures. Dans un voyage en Italie, ses ouvrages y plurent beaucoup. Rubens s'est souvent servi de lui pour peindre ses fonds de paysage. Van Baalen, Steenwich et autres lui ont fait peindre les figures et les animaux qu'on voit dans leurs tableaux ; et il faisait le paysage pour Rottenhamer. Ses tableaux sont d'un fini précieux et fort estimés. On reproche à ce peintre trop de bleu dans ses lointains, et quelquefois de la crudité dans ses couleurs.

66. — Vue d'un canal au milieu d'une jolie campagne.

On remarque plusieurs barques chargées de personnes et de chevaux (cuivre).

Largeur, 0 m. 30 c. sur 0 m. 24 c.

67. — Paysage charmant.

Un cavalier, suivi de valets et de chiens, revient de la chasse et se dirige vers une auberge (cuivre). Pendant du précédent.

Ces deux jolis tableaux doivent être appréciés par tous ceux qui font cas d'une jolie composition et d'une exécution soignée.

BREUGHEL (Pierre), fils de Breughel le Vieux.

Fut élève de Gilles Conninghsloo, portraitiste. On le connaît sous le nom de Breughel d'Enfer, parce qu'il peignait de préférence des supplices, des incendies, des scènes de diables.

68. — Paysages. Fourches patibulaires.

69. — Vue d'un village. Des paysans tirent sur des cavaliers et des fantassins en déroute.

Donné par le conservateur.

Pendants, chacun de 0 m. 19 c. de largeur sur 0 m. 13 c. 5 mill.

BRONZINO (Angiolo). *École de Florence.*

Il naquit à Florence, vers l'an 1502, et mourut vers l'an 1571, à l'âge de 69 ans, suivant Borghini. Ce peintre est cité pour la délicatesse et le fini de ses têtes. Cependant on lui reproche ses tons de chairs, souvent d'une couleur plombée ou blafarde ; en général, ses ouvrages manquent de relief.

70. — Portrait de Baccio Bandinelli. Tête nue, ayant une petite fraise (sur étain).

Morceau capital, qu'on peut citer comme exemple de la correction qui offre tant d'intérêt dans les ouvrages des anciens (est souvent attribué à Raphaël).

Hauteur, 0 m. 35 c. sur 0 m. 24 c.

BRUANDET (L.) *École française.*

Il vivait encore vers la fin du siècle dernier.

71. — Vue prise dans le bois de Boulogne.

Au pied d'un chêne énorme, un homme joue de la vèse; deux autres et une femme l'écoutent.

Ce tableau est très-agréable, d'un bon effet et plein de lumière (sur bois). Il est signé L. Bruandet. Les figures sont peintes par Duval.

Largeur, 0 m. 57 c. sur 0 m. 41 c.

BRUSASORCI (Félix Riccio, dit le). *École vénitienne.*

Né à Véronne en 1540 ; mort empoisonné, dans la même ville, en 1605. Il était fils du fameux Dominique Riccio, également surnommé Brusasorci, dont il reçut les premiers éléments de sont art; mais ce fut à Florence, sous le Ligozzi, qu'il acheva son éducation. Quoique bon peintre, il eut moins de talent que son père, et a principalement excellé dans les figures de madones, de femmes, d'anges, etc. Il se plaisait à faire de petit tableaux sur des pierres qu'il coloriait fort habilement, se servant de la pierre même pour faire les ombres.

72. — Intérieur d'un palais.

Le sujet représenté est le reniement de Saint-Pierre (peint sur ardoise).

Hauteur, 0 m. 30 c. sur 0 m. 24 c.

BUCQUET (Léonce).
Peintre vivant.

73. — Paysage. Vue prise aux environs de Rouen.

BOULANGER (Clément).
Peintre français, mort en 1842.

74. — La procession des ardents.

CACAULT (Jacques). *École française.*

Né à Clisson vers 1740, il y mourut en 1808.

75. — Homme assis sur une peau de tigre.
Figure académique.
Hauteur, 1 m. 65 c. sur 1 m. 16 c.

CALABROIS (Mathias Preti, *dit* le). *École napolitaine.*

Né à Taverne, en Calabre, en 1613. Mort à Malte en 1699. Les premiers éléments de son art lui furent enseignés à Rome par son frère Grégoire. A Bologne, il étudia sous le Guerchin. Les ouvrages de Paul Véronèse, du Titien et du Tintoret causèrent son admiration à Venise. Enfin Parme, Gênes, Paris, la Flandre et l'Allemagne l'attirèrent successivement ; partout il profita de la vue des chefs-d'œuvre. Ses compositions sont grandes et majestueuses, son dessin correct, et son coloris vigoureux. Ses tableaux paraissent en relief, et sont d'un grand effet.

76. — Saint-Jérôme promettant de ne plus pécher.
Hauteur, 1 m. 43 c. sur 1 m.

CALVART (Denis). *École flamande.*

Né à Anvers vers 1555. Mort à Bologne en 1619. Après avoir commencé l'étude de la peinture dans son pays, il se rendit en Italie et s'attacha, à Bologne, à Prosper Fontana, peintre habile ; de là il alla à Rome, où son talent fut remarqué. De retour à Bologne, son savoir lui attira un grand concours d'élèves, parmi lesquels on compte le Guide, l'Albane et le Dominiquin. Son pinceau était suave et léger ; ses figures, disposées sans confusion, étaient d'une expression juste ; mais il ne put bannir de son dessin un goût sec et gothique.
On lui attribue :

77. — La Vierge couronnée, les mains jointes, considère avec respect l'Enfant Jésus endormi ; Saint-Jean engage au silence.

Tableau d'une grande naïveté, d'une expression naturelle, d'un coloris charmant.
Hauteur, 0 m. 70 c. sur 0 m. 48 c. 5 millim.

78. — La Reine des cieux et son fils.
Hauteur, 0 m. 59 c. 5 mill. sur 0 m. 46 c.

CANALETTO (Antonio Canale). *École vénitienne.*

Né à Venise en 1697, mort en 1768; élève de Bernardo Canale, son père.

79. — Assemblée générale des nobles vénitiens, dans la salle du grand conseil du palais ducal.

Cette assemblée était quelquefois composée de 1000 personnes. La salle a 53 mètres de longueur sur 26 mètres de largeur; elle est ornée de tableaux des plus grands maîtres de l'école vénitienne.
Largeur, 1 m. sur 0 m. 66 c.

80. — Carnaval de Venise.
Le lendemain de Noël, le carnaval commençait par un repas que le doge donnait à la haute noblesse; ce qui s'appelait traiter la seigneurie. Les étrangers de distinction étaient admis comme spectateurs, moyennant qu'ils fussent masqués.
Pendant.

81. — Vue de Venise, prise sur le bord du grand canal.

A droite est l'entrée de la Piazzetta, qui conduit à la grande place de St.-Marc; la colonne monumentale supporte la statue de St.-Théodore; le bâtiment derrière est la Sénatorerie, et celui d'après, la Zecca ou la Monnaie. Au fond, à gauche, sur le grand canal, est la douane; plus loin, le grand dôme est celui de la Madona Della Salute, magnifique église élevée en 1631, par suite du vœu que fit le sénat pendant la peste de 1630. Le petit dôme est celui de la Humilta, couvent de bénédictines.
Largeur, 1 m. sur 0 m. 66 c.

82. — Place Navone, à Rome.

A gauche, le palais de Pamfili, ouvrage de Bramante; l'église qu'on voit ensuite est celle de Sainte-Agnès, bâtie sur les dessins du Borromini. La petite église à droite est Saint-Jacques-des-Espagnols. La fontaine du milieu de la place est du cavalier Bernin; mais l'obélisque est antique.

Largeur, 1 m. sur 0 m. 66 c.

83. — Vue du château Saint-Ange, à Rome. Autrefois tombeau d'Adrien.

Largeur, 0 m. 32 c. sur 0 m. 21 c.

CANOVA.

Fameux sculpteur contemporain; s'amusait à peindre, et faisait grand cas de ses ouvrages.

84. — Chevalier Croisé, vu à mi-corps et tête nue.

Donné par l'auteur à Cacault aîné, ministre de France près le Saint-Siége, en 1803.

Hauteur, 0 m. 73 c. sur 0 m. 62 c.

La note collée sur le tableau est de la main de Canova.

CANO (Alonzo).

Peintre, sculpteur, architecte, né à Grenade en 1601, où il mourut en 1667. L'Espagne eut en lui son Michel-Ange. Ses compositions sont ingénieuses et tiennent beaucoup de l'école d'Italie. Il joignait un dessin correct à une belle couleur.

85. — Sainte Famille. Saint-Jean présente à l'Enfant Jésus une petite croix.

Hauteur, 1 m. 27 c.; largeur, 0 m. 86 c. 5 mill.

CANUTI (Dominique-Maria).

Élève du Guide, né à Bologne en 1623.

86. — Saint-Roch offrant ses douleurs à Dieu.

La manière dont ce tableau est éclairé, et la vigueur

de son coloris, prouveraient que Canuti s'attachait à l'imitation du Caravage.

Hauteur, 1 m. 38 c. sur 1 m.

CANTARINO (Jean).

Né à Venise en 1549, mort en 1605.

87. — Jésus présenté au peuple.
Très-beau morceau de tableau (sur bois.)
Hauteur, 0 m. 43 c. sur 1 m. 33 c.

CARAVAGE (Michel-Ange Amerighi, *surnommé* le). *École lombarde.*

Né en 1569, dans le château de Caravagio, dans le Milanais, il en prit le nom. En revenant de Malte à Rome, il mourut au port d'Hercule, en 1609. Sans consulter l'antique, sans avoir étudié les ouvrages des grands artistes, sans autre maître que la nature, il se forma une manière extraordinaire. Son dessin est incorrect, et ses sujets en général sont mal choisis; mais il savait tirer un parti étonnant de l'opposition tranchée des lumières et des ombres. Ignorant la perspective, il y suppléait par des fonds noirs, dont l'effet est souvent désagréable. Un nombre prodigieux d'élèves sortirent de son école : les principaux sont Barthélemy Manfredi; Charles Saracino, de Venise; Joseph Ribera, dit l'Espagnolet; Gérard Honthorst, d'Utrecht, et Carle Loth, de Munich.

88. — Reniement de Saint-Pierre.
La servante de Pilate accuse Saint-Pierre; deux soldats le menacent de leur hallebarde, quoiqu'il affirme n'être point de la suite de Jésus. Tableau capital.
Largeur, 1 m. 50 c. sur 1 m. 27 c.

89. — Saint-Pierre délivré de prison par l'ange.
Tableau de 1.er ordre. Quoique la figure de l'ange manque de noblesse, et qu'il faille la considérer comme l'imitation d'une nature ordinaire, cet ouvrage décèle partout le grand maître.
Hauteur, 1 m. 27 c. sur 1 m. 50 c.

90. — Son portrait, peint par lui-même.
Il est à demi-nu, en attitude de peindre d'après nature. Portrait d'un grand caractère et d'un pinceau énergique.
Hauteur, 1 m. 65 c. sur 1 m. 16 c.

91. — Apollon couronné de lauriers, demi-figure.
La main s'appuie sur une lyre, il porte un carquois. Bien bon ouvrage, offrant les défauts et les qualités du maître.
Hauteur, 0 m. 62 c. sur 0 m. 46 c.

92. — D'après lui, couronnement d'épines.
Hauteur, 1 m. 33 c. sur 2 m.

93. — D'après lui, un flûteur champêtre, demi-figure.
Copie. — Largeur, 1 m. sur 0 m. 92 c.

CARDUCCI, florentin.

Mort en 1638, à l'âge de 60 ans; travailla en Espagne.

94. — Portrait de Carducci peint par lui-même; il présente une supplique en espagnol.
Hauteur, 1 m. sur 0 m. 74 c.
Ce tableau est signé.

CARESME (PHILIPPE). *École française.*

Était peintre du roi, et florissait vers la fin du siècle dernier.

95. — Sainte Famille, en miniature, à l'huile (sur cuivre).
Ce joli tableau rivalise, pour le caractère et l'exécution, avec ce que l'école italienne a produit de mieux dans ce genre. Caresme ne peignait pas toujours avec cette perfection.
Hauteur, 0 m. 25 c. sur 0 m. 16 c.

96. — Jupiter et Anthiope.

Imitation d'un tableau du Corrège, qu'on voit au Musée de Paris.
Hauteur, 0 m. 27 c. sur 0 m. 21 c. 5 mill.

CARRACHE (ANNIBAL). *École lombarde.*

Né à Bologne en 1560. Mort à Rome en 1609. Il fut disciple de Louis Carrache, son cousin, et le surpassa dans son art.

97. — Sainte-Catherine, demi-figure.
Elle montre du doigt une inscription.
Ce tableau capital est du style le plus noble et le plus gracieux. La tête de la sainte a le plus grand caractère, et le coloris, qui offre les tons les plus francs et les plus vifs, peut être cité pour un modèle d'harmonie.
Hauteur, 0 m. 66 c. sur 0 m. 46 c.

98. — Le Christ mort et descendu de la Croix; figure en raccourci, d'un dessin savant et noble.
Largeur, 1 m. 50 c. sur 1 m.

99. — Tête de Christ couronnée d'épines.
Hauteur, 0 m. 40 c. 5 mill. sur 27 c.

100. — La Vierge et l'Enfant Jésus s'embrassent.
Tableau charmant de grâce et de naïveté.
Hauteur, 0 m. 50 c.; largeur, 0 m. 40 c.

101. — Jeune satyre assis.
Le bas du tableau a été abîmé et repeint.
Hauteur, 0 m. 60 c. sur 0 m. 50 c.

102. — Tête de vieille.
Croquis (bois).
Hauteur, 0 m. 27 c. sur 21 c.

103. — Tête d'apôtre. E. de Carrache.
Hauteur, 0 m. 30 c. sur 0 m. 23 c.

CARRACHE (LOUIS). *École lombarde.*

Né à Bologne en 1555, mort dans la même ville en 1619.
D'abord élève de Prospero Fontana, il se rendit à

Florence, et entra chez Dominique Passignani. Plus tard, il s'aperçut du génie qu'avait pour le dessin son cousin Annibal Carrache, et lui donna des leçons, dont ce dernier profita si bien, qu'il surpassa son maître. Louis Carrache avait une imagination fertile ; savant dans le dessin, il était plus gracieux qu'Annibal.

104. — Sainte-Claire entourée d'une gloire d'ange, et contemplant un crucifix.

La tête est pleine de noblesse et d'expression ; les mains sont belles et savamment dessinées; les accessoires bien traités, par Annibal Carrache. C'est un des meilleurs tableaux de la collection.

Largeur, 1 m. 30 c.; hauteur, 0 m. 80 c.

105. — Absalon accroché par sa chevelure.
École des Carrache.
Largeur, 0 m. 86 c. 5 mill. sur 0 m. 67 c. 5 mill.

106. — Jésus en croix.
Ce petit tableau sort de l'école des Carrache.
Hauteur, 0 m. 41 c. sur 0 m. 30 c.

CARPI (HIERONIMO DA), *de l'école du Corrège.*

107. — Sainte Famille : l'Enfant Jésus s'endort dans les bras de sa mère; il est soutenu par un ange, Saint-Joseph et le petit Saint-Jean.

Tableau rond, figures de grandeur de nature. Croquis.
Hauteur, 1 mètre.

CASANOVE.
Vivait dans le dernier siècle.

108. — Cavaliers turcs en marche vers une ville.

109. — Combat de cavaliers chrétiens et turcs.

Ces deux tableaux, peints sur cuivre, ont 0 m. 32 c. 5 mill. de largeur sur 0 m. 22 c. de hauteur, et font pendants.

CASTELLI (Valerio). *École génoise.*

Né à Gênes en 1625, et mort dans la même ville en 1652. Après avoir étudié les dessins de son père, Bernard, il entra dans l'école de Dominique Fiasella, puis un voyage en Italie acheva de former son talent.

110. — La Vierge, l'Enfant Jésus et le petit Saint-Jean.
Hauteur, 1 m. sur 0 m. 73 c.

CAVEDONE (Jacques). *École lombarde.*

Né dans le Modenois en 1580, mort à Bologne en 1660. Élève et émule des Carrache.

111. — Les quatre docteurs discutant sur les livres saints.
Largeur, 2 m. sur 1 m. 66 c.

112. — Les quatre Évangélistes. (Pendant du précédent.)
Largeur, 2 m. sur 1 m. 66 c.

CHAMPAGNE (Philippe de). *École flamande.*

Naquit à Bruxelles en 1602, et mourut à Paris en 1693. On ne sait point qui fut son maître. Jeune, il vint à Paris et y fut occupé à peindre des paysages et des portraits. Étant retourné dans sa patrie, il y fit sans doute de nouvelles études, puisque, peu d'années après, on le voit revenir en France et occuper la place de premier peintre de la reine, femme de Louis XIII. A partir de ce moment, il fut chargé de grands travaux, qu'il exécuta avec le plus grand succès. Son dessin est correct, mais sans choix; sa couleur vraie, mais peu brillante; il finissait généralement avec soin.

113. — La Pentecôte.
Très-bon tableau, mais dont l'originalité est fort douteuse.
Hauteur, 1 m. 65 c. sur 1 m. 11 c.

114. — Portrait d'homme vêtu de satin noir garni de dentelle; riche rabat; il porte de petites moustaches.

Ce portrait doit être cité comme un modèle dans ce genre, et un ouvrage d'élite.
Hauteur, 0 m. 66 c. sur 0 m. 54 c.

115. — Autre portrait d'homme, qui est incontestablement du même peintre.

116. — Portrait de femme vêtue de noir, coiffée de ses cheveux.

117. — Souper à Émaüs, fond de paysage.
Hauteur, 1 m. 47 c. sur 0 m. 72 c. 5 mill.

118. — Communion de S.t-Louis-de-Gonzague.
Jolie esquisse terminée.
Hauteur, 0 m. 30 c. sur 0 m. 50 c.

119. — Anges rendant hommage à la Vierge et à l'Enfant Jésus, à qui Saint-Louis-de-Gonzague baise les pieds.
Esquisse. Pendant du précédent.
Attribués à Ph. de Champagne.

121. — Portrait d'une dame vêtue de noir et tenant un éventail. (De l'École de Philippe de Champagne.)
Hauteur, 70 c. 20 mill.; largeur, 62 c.

121 bis. — Portrait en pied de Suger, abbé de Saint-Denis, dans le XII.e siècle.
Il lit une lettre qu'il tient de la main gauche.
Ce portrait figurait dans la galerie du cardinal de Richelieu. L'abbé Suger fut appelé au conseil de Louis VI, dit le Gros, et s'opposa constamment à la croisade que prêchait et qu'obtint Saint-Bernard, régent du royaume, pendant l'absence de Louis VII, dit le Jeune; il gouverna avec économie et sagesse. Prévoyant les malheurs qu'amènerait le divorce de ce roi avec Éléonore, il s'y opposa constamment, et mourut trop tôt pour consolider le rapprochement des deux époux.
Attribué à Ph. de Champagne.
Hauteur, 2 m. 27 c. 2 mill. sur 1 m. 46 c. 2 mill.

122. — Les pèlerins d'Émaüs voyageant avec Jésus-Christ. Trois Anges semblent les guider.
Hauteur, 2 m. 92 c. sur 1 m. 948 mill.

CHANCOURTOIS. *École française.*

Né à Nantes, mort à Paris, au commencement du siècle.

123.—Paysage historique. Baigneuses (sur bois).
Largeur, 0 m. 19 c. sur 0 m. 16 c.

CHARDIN fils. *École française.*
Peignait dans le dernier siècle.

124. — Portrait d'une Napolitaine.
Hauteur, 1 m. 5 c. 5 mill. sur 0 m. 73 c.

125.— Intérieur. Deux femmes, costumes d'Italie, et un enfant nu.
Hauteur, 0 m. 38 c. sur 0 m. 33 c.

CHOMPAGNIO (Chompagnio Caio Bologniési). *École lombarde.*

Nous n'avons rien trouvé sur ce peintre.

126. — Saint-Agée, martyr. Il est à genoux, les yeux tournés vers le ciel, et rempli de résignation. Un bourreau lui brûle la poitrine avec une torche ardente.
Bon tableau, *signé* Champagnio Caio Bologniési.
Hauteur, 2 m. sur 1 m.

CLOUET (dit Janet), *École française.*

Naquit à Tours. On ignore l'époque de sa naissance; on n'est pas plus instruit relativement à sa mort, au nom de son maître et de ses élèves. Très-jeune encore en 1547, il peignait déjà le portrait avec un grand talent. Admis d'abord à la cour de François Ier, il fit le portrait de ce monarque et des principaux de sa cour. Sa vogue se soutint sous les règnes suivants, de Henri II, François II, Charles IX et Henri III, peut-être même aussi jusqu'à la fin du règne d'Henri IV; ce que son jeune âge en 1547 ne rend pas impossible. Ses portraits sont ordinairement d'un moyen format, finis comme de la miniature, et peints sur bois de noyer. Le nombre en est immense.

127. — Portrait de Marguerite de Valois, sœur de Henri III, et première femme de Henri IV. (Bois de noyer.)

Hauteur, 0 m. 30 c. sur 0 m. 21 c.

128. — Portrait de Henri III enfant. Sa robe est couverte de pierreries, et ses cheveux ornés de perles. (Bois de noyer.)

Hauteur, 0 m. 30 c. sur 0 m. 21 c.

COLSON. *École française.*
Artiste vivant.

129. — Agamemnon méprisant les sinistres prédictions de Cassandre.

Beau tableau de l'école contemporaine, et exposé au salon de 1824.

Hauteur, 3 m. 33 c. sur 4 m. 33 c.

Pendant qu'Agamemnon commandait les Grecs au siége de Troie, Égisthe, son neveu, séduisit son épouse Clytemnestre, et entretint avec elle de coupables liaisons. Après la prise de Troie, Agamemnon revint dans ses états avec Cassandre, fille de Priam, qui lui était échue en partage comme prisonnière. Celle-ci, qui avait le don de prophétie, lui prédit que Clytemnestre devait le faire assassiner par Égisthe. Cette prophétie de Cassandre eut le sort de toutes les autres; Agamemnon n'y crut pas, et fut assassiné la nuit suivante, ainsi que Cassandre.

COQUES (Gonzales). *École flamande.*

Né à Anvers en 1618, sa mort est inconnue. David Ryckaert fut son maître. Après avoir essayé de tous les genres, il se fixa à celui du portrait, consulta Rubens, Van-Dyck et Porbus, et parvint à une grande réputation d'habileté. Tout, dans ses ouvrages, concourt à marquer la supériorité qu'il s'était acquise; mais peut-être plus particulièrement, dans les petits portraits qu'il a faits en pied; il semble qu'il y ait mis plus d'esprit et de finesse que dans ses autres ouvrages.

130. — Un magistrat flamand et sa famille dans un salon simple et élégant.

Tous les personnages sont des portraits. Tableau de premier ordre dans son genre. Les ouvrages de ce maître distingué sont fort rares en France, ce qui ajoute beaucoup au mérite de celui-ci.

Largeur, 1 m. 22 c. sur 0 m. 76 c.

CORREGIO (Antonio Allegri, *dit* le).

Il naquit à Corregio en 1494, mort en 1534.

131. — Leda. D'après Le Corrège. Le sujet entier se trouve au musée de Paris.

Ovale, 0 m. 66 c.

COYPEL (Noel). *École française.*

Né en 1628, à Saint-Hippolyte, et mort à Paris en 1707. Poncet, élève de Vouet, fut son premier maître : Charles Errard, de Nantes, le fit ensuite travailler aux ouvrages de peinture qu'on faisait au Louvre. En 1672, il fut nommé directeur de l'Académie de Rome. De retour à Paris, il peignit les fresques qu'on voit au-dessus du maître-autel des Invalides. Ses deux fils Antoine et Noël-Nicolas furent ses élèves.

132. — Saint-Louis à genoux devant la Sainte Couronne.

Hauteur, 1 m. 51 c. sur 0 m. 81 c.

CRESCENZIO (Barthélemi del.) *École romaine.*

Son nom de famille était Cavarrozi. On sait qu'il naquit à Viterbe, fut élève de Christophe Roncalli, et qu'il mourut jeune, en 1625.

133. — Paysage héroïque. Sacrifice à Flore.
Ce tableau est souvent attribué à N. Poussin.

Très-joli tableau d'un grand effet et bien entendu.
Hauteur, 0 m. 41 c. sur 0 m. 33 c.

CRESPI (Joseph-Marie), *surnommé l'Espagnol.*
École lombarde.

Né à Bologne en 1665, il y mourut en 1747. Il étudia son art sous plusieurs maîtres, dont les deux plus connus sont Canuti et Cignani. Ce qui contribua le plus à ses progrès, fut de copier les tableaux des grands peintres vénitiens et ceux du Baroche. Ce peintre exécutait rapidement ; cependant ses très-petits tableaux sont très-finis. Ses trois fils, Louis, Antoine et Ferdinand, furent ses élèves, et ne peignirent guère que pour leur amusement.

134. — Plusieurs jeunes personnes et un jeune garçon lisent et font de la dentelle sous la direction de deux vieilles femmes.

Hauteur, 0 m. 95 c. sur 0 m. 72 c.

D'ANTHOINE (Louis).
Peintre vivant.

135. — La confession du Giaour. Tableau offert au Musée de Nantes par les soins de M. Dupré de la Roussière.

Hauteur, 1 m. 28 c. ; largeur, 1 m. 65 c.

DAVID, *flamand.*

136. — Oiseaux morts. Canards, pigeons, sarcelles, etc.

Largeur, 0 m. 81 c. sur 0 m. 52 c.

DECKER (Jean). *École hollandaise.*
Imitateur de Jacques Ruysdaël.

137. — Chaumière sur le bord d'un canal (sur bois). *Signé* Decker.

Ce joli tableau, dont les figures sont d'Ostade, a souvent été pris pour un tableau de Salomon Ruysdaël ; ce qui ne doit pas étonner, puisque Decker cherchait à l'imiter et l'a souvent égalé.

Largeur, 0 m. 41 c. sur 0 m. 30 c.

DELACROIX (Eugène).
Peintre vivant.

138. — Chef arabe acceptant l'hospitalité que lui offrent des pasteurs.
Hauteur, 1 m. ; largeur, 1 m. 25.

DE LA FOSSE (Charles). *École française.*

Né à Paris en 1640, y mourut en 1716. Il était neveu du poëte tragique, et fut élève de Ch. Lebrun. Le roi l'envoya à Rome pour se perfectionner dans le dessin, et à Venise dans le coloris. A son retour, il exécuta un nombre prodigieux d'ouvrages; entre autres, la coupole des Invalides et la chapelle de Versailles. La réputation qu'il avait alors est maintenant bien diminuée.

139. — Déification d'Énée.
Hauteur, 1 m. 81 c. sur 1 m. 60 c.

140. — Vénus demandant des armes à Vulcain.
Pendant.

141. — Jupiter, sous les traits de Diane, séduisant Calisto.
Hauteur, 0 m. 78 c. 5 mill. sur 0 m. 62 c.

DELESTRE.
Artiste vivant.

142. — Une famille surprise par une éruption de volcan.

DELLA BELLA (Étienne). *École florentine.*

Né à Florence en 1610, mort à Florence en 1664; élève de Canta Gallina, dans le même temps que Callot.

143. — Cavalier tenant une masse d'armes.
On trouve ce tableau dans son œuvre gravé par lui-même.
Carré de 0 m. 21 c. 5 mill.

DOMINIQUIN (Dominico Zampieri, dit le). *École de Bologne.*

Naquit à Bologne en 1581, et mourut à Naples en 1641. D'abord élève de Denis Calvart, il passa après dans l'école d'Annibal Carrache, et ce n'est qu'avec peine et lenteur qu'il parvint au sublime de son art.

144. — Guirlande de fleurs soutenue par des amours.

Hauteur, 1 m. 33 c. sur 1 m.

145. — Saint-Janvier (demi-figure) offre son sang à Dieu.

Bien bel ouvrage.
Hauteur, 0 m. 76 c. sur 0 m. 66 c.

De son école :

146. — Saint-Jean l'Évangéliste, vu à mi-corps et tenant une plume de la main droite (copie).

Hauteur, 0 m. 68 c. sur 0 m. 54 c.

147. — Copie de sa communion de Saint-Jérôme.

La scène se passe dans l'église de Béthléem, où ses amis l'ont porté, suivant ses désirs, pour recevoir le viatique avant de mourir; il avait alors 90 ans.

Hauteur, 1 m. 38 c. sur 0 m. 76 c.

L'original se voyait au musée, à Paris, avant 1815. Ce tableau faisait partie des cent articles livrés par Pie VI, en conformité du traité de Tolentino ; il ornait le grand autel de l'église de Saint-Jérôme de la Charité à Rome, et passait pour un des plus beaux tableaux de cette ville, si fertile en chefs-d'œuvre.

148. — Sainte-Thérèse en extase recevant le trait de l'amour divin.

Hauteur, 0 m. 43 c. ; largeur, 32 c.

DOSSO (Dossi de Ferrare).

Né à Dosso, près Ferrare. Il florissait vers 1536, et mourut en 1560. Étudia cinq ans dans l'école de Venise, après avoir reçu des leçons de Laurent Costa, de Ferrare. Les ouvrages de ce peintre et de son frère Jean-Baptiste sont fort rares en France ; ils passèrent leur vie entière dans leur patrie, où ils fondèrent une école renommée (celle de Ferrare).

149. — L'évangéliste Saint-Jean, composant son évangile ; il est assis, tenant un livre et une plume de la main droite. Le fond est occupé par plusieurs scènes de l'Apocalypse.

Hauteur, 0 m. 33 c. sur 0 m. 81 c.

DOYEN.

Peintre français du siècle dernier.

150. — Tête d'étude (bois).
Hauteur, 0 m. 50 c. sur 0 m. 30 c.

DUPRÉ.

Artiste vivant.
Élève à l'école de Rome en 1833, il avait remporté le grand prix de peinture.

151. — Le Christ descendu de la croix. Donné par le gouvernement.
Copie d'après Fra Bartolomeo.
Hauteur, 1 m. 81 c. sur 2 m. de largeur.

DURER (Albert). *École allemande.*

Né à Nuremberg en 1470, il y mourut en 1528. Fondateur de l'École allemande. Il était graveur, mathématicien, sculpteur, architecte ; plusieurs traités écrits par lui existent encore.

152. — L'auteur et sa femme en prière (bois).
Hauteur, 0 m. 27 c. sur 0 m. 19 c.

ELZHEMER (Adam).

Né à Francfort en 1574, mort à Rome en 1620. Élève de Philippe Offenbach.

153. — La fuite en Égypte, effet de clair de lune.
0 m. 51 c. 5 mill. sur 0 m. 62 c. 5 mill.

FETI (Dominique). *École romaine.*

Né à Rome en 1589, mort à Mantoue en 1624. Il fut élève du Civoli ; mais, pendant son séjour à Mantoue, les ouvrages de Jules Romain lui tracèrent la route des grands peintres, et ce fut à Venise qu'il se perfectionna dans le coloris. Sa sœur fut son élève.

154. — Sainte-Pudantienne tenant avec tristesse et respect un vase rempli de sang.
Hauteur, 1 m. sur 0 m. 81 c.
On ne sait rien de Sainte-Pudantienne, ou Potantienne, sinon qu'elle fut convertie par Saint-Pierre, et qu'elle recueillait avec soin le sang des martyrs. On vénère à Rome un puits, où l'on dit qu'elle recueillit celui de 3,000. Ce puits se trouve dans l'église, sous son invocation.

155. — Une vieille femme filant, et un enfant qui joue avec une souricière.
Hauteur, 0 m. 59 c. 5 mill. sur 0 m. 50 c.

FLEURY (Robert). Peintre vivant.

156. — Jésus-Christ et les petits enfants.
Hauteur, 0 m. 90 c.; largeur, 1 m.

FOUQUIÈRES (Jacques). *École flamande.*

Naquit à Anvers, étudia la peinture sous Breughel de Velours. Fixé à Bruxelles jusqu'en 1621, il vint en France par l'invitation de Louis XIII, pour peindre les principales vues du royaume. Rubens ne dédaignait pas de lui faire peindre le fond de ses tableaux. Il mourut à la cour de l'électeur Palatin, en 1659. Ses disciples sont : Rendu, Bellin et Champagne.

157. — Grand paysage. Une rivière coule au

milieu d'un pays accidenté. Un chemin occupe partie du 1.ᵉʳ plan : on y voit deux hommes conduisant des chiens de chasse. Horizon immense.

Largeur, 2 m. sur 1 m. 21 c.

Ce tableau est signé J. Focquier f. 1620.

FRAGONARD (Jean-Honoré). *École française.*

Né à Grasse, en Provence; mort à Paris, le 22 août 1806, à 74 ans 1|2; dernier élève de Boucher; il remporta le grand prix de peinture à l'âge de 20 ans. En 1765, il fut reçu de l'Académie sur le tableau de Corésus et Callirhoé. En général, ses ouvrages n'ont joui que d'une célébrité passagère.

158. — Portrait d'un jeune garçon. Esquisse.
Hauteur, 0 m. 36 c. sur 0 m. 25 c.

FRANCE, *de Liége.*

159. — Paysage. Voltaire causant avec des paysans, dans les environs de Ferney.
Largeur, 0 m. 36 c. sur 0 m. 31 c.

FRANCIA (Jacques), fils et élève de François Francia.

Fut moins célèbre que lui, quoique aussi habile en peinture. Il excellait dans l'orfévrerie. Il mourut en 1557.

160. — Sainte Famille. L'Enfant Jésus, tenant un oiseau, est debout sur une table et s'appuie sur sa mère (sur bois).
Hauteur, 0 m. 60 c. sur 0 m. 40 c.

FRANCK (François, le Vieux). *École flamande.*

L'époque de sa naissance et celle de sa mort sont inconnues ; mais on sait qu'il vit le jour à Herenstat, près d'Anvers, et qu'ainsi que ses deux frères Jérôme et Ambroise, il eut pour maître François de Vriendt, connu sous le nom de Franc Floris, lequel vivait vers le milieu du XVI.ᵉ siècle. On le croit père de François Franck, dit le Jeune, et de Sébastien Franck.

161. — Jésus en croix entre les deux larrons.
Hauteur, 1 m. 38 c. sur 1 m.

162. — (École des Franck.) Érection de la croix.
Sujet plein de mouvement et d'intérêt. On y remarque une touche fine et une jolie couleur (sur bois).
Hauteur, 0 m. 54 c. sur 0 m. 41 c.

FYT (Jean). *École flamande.*

Il était d'Anvers. Son talent particulier de peindre les animaux, les fruits et les fleurs, lui valut une grande réputation.

163. — Chiens de chasse faisant partir un lièvre (sur bois).
Largeur, 0 m. 50 c. sur 0 m. 41 c.

164. — Chasse au sanglier. Pendant (sur bois).
Largeur, 0 m. 24 c. sur 0 m. 16 c.

165. — Autre, mêmes dimensions.
Tous ces tableaux ont été gravés.

GAROFOLO (Benvenuto Tisio, *dit le*). *École florentine.*

Né à Ferrare en 1581. Mort en 1659. Après avoir étudié sous plusieurs maîtres, il se forma en voyant les ouvrages de Michel-Ange et de Raphaël; aussi remarque-t-on, dans ses tableaux, la correction de l'un et le style de l'autre. Il a fait beaucoup de tableaux de chevalet, où l'on peut remarquer une grande variété dans la manière de faire.

166. — Sainte Famille dans un joli paysage (bois).
Tableau charmant.
Hauteur, 0 m. 46 c. sur 0 m. 33 c.

GASPRE (Gaspard Duchet). *École romaine.*

Né à Rome en 1613, d'un père français, et mort en 1675. Élève de Nicolas Poussin, qui était son beau-frère.

167. — Beau paysage représentant le coteau qui conduit à Riccio, près d'Albano. La coupole de l'église de Riccio, ouvrage de Bernin, se voit sur le sommet du coteau. Dans le vallon, près d'un piédestal surmonté d'un vase grossier, un jeune homme costumé d'une manière historique se lave les pieds dans un étang. Bergers, moutons, laveuses.

Composition charmante, ou plutôt portrait exact de l'endroit représenté. L'exécution ne laisse rien à désirer. Cet ouvrage est digne de l'excellent maître auquel il est attribué.

Largeur, 0 m. 94 c. sur 0 m. 70 c.

168. — Paysage. Pêcheurs à la ligne. Au fond, une tour carrée, grand massif d'arbres.

Hauteur, 0 m. 62 c. sur 0 m. 33 c.
Croquis.

169. — Paysage.
Site très-accidenté, petit monument antique au pied d'un rocher.

Largeur, 0 m. 51 c. sur 0 m. 33 c.

GAUTIER. *École française.* (XVIII.ᵉ siècle.)

170. — Marine. Vue du port de Gênes au lever du soleil, par un temps de brouillard (sur bois).

Largeur, 0 m. 57 c. sur 0 m. 40 c. de hauteur.

GHEZZI (Pierre Léone).

Né à Rome en 1674, mort en 1755.

171. — Sainte Famille.
Largeur, 1 m. 16 c. sur 1 m. de hauteur.
Ce tableau est signé, et daté 1741.

GHISI (THÉODORE). *École lombarde.*
Il florissait en 1540.

172. — Vénus caressant Adonis.
Hauteur, 0 m. 59 c. 5 mill. sur 0 m. 50 c. de largeur.

GIORDANO (LUCAS). *École napolitaine.*

Né à Naples en 1632, mort dans la même ville en 1705. Sept ans passés dans l'école de Joseph Ribera le mirent dans le cas, quoique fort jeune, de produire des ouvrages remarquables. Il parcourut ensuite l'Italie, et suivit alternativement la manière de Pietre de Cortone et celle de Paul Véronèse. Cette vie active et laborieuse lui donna une facilité surprenante; aucun peintre n'a autant produit. Son père, qui tirait un fort grand parti du moindre dessin, lui disait sans cesse : *Luca, fa presto,* « Lucas, fais vite, » et le surnom lui en resta. Il est principalement cité pour la couleur et l'invention. Ses élèves furent nombreux.

173. — Saint-Dominique s'élevant au-dessus des passions humaines.
Tableau allégorique de son meilleur temps.
Hauteur, 2 m. 32 c. sur 1 m. 80 c.

GIORGION (GIORGIO BARBARELLI). *École vénitienne.*

Né à Castel Franco en 1478, mort à Venise en 1511. Jean Bellin fut son maître, et les ouvrages de Léonard de Vinci lui apprirent à bien peindre. Ce fut lui qui, le premier, donna l'exemple de cette force et de cette fraîcheur de coloris qui distinguent particulièrement l'école de Venise. Dessinateur médiocre, il a su le faire oublier par une grande vérité dans ses ouvrages, une entente parfaite du clair-obscur et une fraîcheur dans ses carnations, qui donnent un relief étonnant à ses figures. Ajoutons, à son éloge, qu'il fut le maître du Titien et de Sébastien del Piombo.

174. — Portrait d'un noble vénitien, ayant la main à hauteur de l'estomac.
Très-beau portrait.
Hauteur, 0 m. 56 c. sur 0 m. 46 c. de largeur.

175. — Saint-Sébastien tenant une flèche; demi-figure.
Hauteur, 0 m. 50 c. sur 0 m. 40 c.

176. — Portrait d'une femme vêtue de noir : elle tient un crucifix.
École du Giorgion.
Hauteur, 0 m. 51 c. sur 0 m. 35 c.

GIRAUD.
Artiste vivant.

177. — Scène de racoleurs sous Louis XV.
Longueur, 1 m. 65 c. sur 1 m. 33 c.

GLAUBER (Jean). *École hollandaise.*

Né à Utrecht en 1646, il mourut en 1726. Élève de Nicolas Berghem, il se dégoûta de ce maître, après avoir vu des paysages italiens chez un marchand de tableaux. Dès lors il se décida à voyager; ce qu'il exécuta, quand il eut copié plusieurs tableaux de son goût. Un an à Paris, deux à Lyon, autant à Rome, et un long séjour à Padoue et à Venise, toujours en imitant la nature, le firent parvenir à composer le paysage aussi bien que les plus célèbres dans ce genre. Ses tableaux représentent de beaux sites d'Italie ou des Alpes; ses lignes sont heureuses, sa couleur est vraie, et ses tons chauds. En passant à Amsterdam, il demeura chez Gerard de Lairesse, et se lia avec lui; depuis lors, tous ses paysages furent enrichis de figures par ce dernier.

178. — Alexandre visitant le tombeau de Darius.

Paysage supérieurement composé. Les figures sont de Lairesse.

Largeur, 1 m. 13 c. 5 mill. sur 0 m. 81 c. de hauteur.

179. — Paysage. Joueur de mandoline, femmes et enfants.

On croit que les fabriques du fond représentent la demeure qu'occupait Raphaël.

Largeur, 0 m. 50 c. sur 0 m. 40 c. de hauteur.

GREUZE (Jean-Baptiste).

Né à Tournus, en Bourgogne, en 1734; mort à Paris en 1807.

180. — .... Tête d'étude de femme.

Hauteur, 0 m. 29 c. 5 mill. sur 0 m. 21 c. 5 mill. de largeur.

GRIFF.

Ce peintre, dont on parle peu, avait cependant un grand talent. Ses ouvrages représentent ordinairement du gibier mort sur le bord d'une forêt.

181. — Cavaliers débouchant d'un chemin creux.

Hauteur, 0 m. 54 c. sur 0 m. 46 c. de largeur.

GRIMOUX. *École française.*

Ce fut en copiant des tableaux de Van-Dyck et de Rembrandt qu'il parvint à se faire une manière particulière, qui lui valut une grande réputation. C'est dans le portrait qu'il s'est distingué. Sa couleur est belle et vraie, son pinceau fin et léger.

182. — Portrait d'un bourgmestre.

Copié d'après celui fait par Rembrandt, qui faisait autrefois partie de la galerie du duc d'Orléans.

Cette copie est fort belle.
Hauteur, 0 m. 46 c. sur 0 m. 38 c. de largeur.

GUARDI (Francesco). *École vénitienne.*

Né à Venise en 1712, mort en 1793. Élève de Canaletti.

183. — Vue de Fiatamone; un des quais à l'extrémité de la ville de Naples.
Largeur, 2 m. 32 c. sur 1 m. 11 c. de hauteur.

GUERCHIN (Jean-François Barbieri, *dit* le). *École lombarde.*

Né à Cento, près Bologne, en 1590; mort à Bologne en 1666. Il se forma d'abord dans l'école des Carrache, et, après avoir essayé d'imiter le Guide et l'Albane, il finit par adopter la manière du Caravage. Il peignait au premier coup; aussi, peu de peintres ont autant produit. Il regardait le coloris comme la partie principale de son art. Ses figures ont un relief étonnant. Il prenait sa lumière d'en haut, pour obtenir de grandes masses d'ombres. On lui reproche un dessin incorrect. Ses meilleurs élèves furent le Calabrois et Lucas Scaramouche.

184. — Phocion refusant les présents d'Alexandre.
Bon tableau, auquel on ne peut reprocher que le mauvais choix des figures et leur costume peu historique.
Largeur, 2 m. 22 c. sur 1 m. 92 c. de hauteur.

185. — Joseph vendu par ses frères.
Hauteur, 1 m. 22 c. sur 1 m. 76 c. de largeur.

186. — Saint-Pierre repentant.
Morceau capital. La figure du saint est remplie de vie et d'expression.
Hauteur, 1 m. sur 0 m. 71 c. de largeur.

187. — (De son école.) Sainte Famille.
Hauteur, 1 m. sur 0 m. 66 c. de largeur.

188. — Saint-Jérôme croyant entendre la trompette du jugement.
Copie.
Hauteur, 0 m. 62 c. sur 0 m. 46 c.

GUIDO (Reni, *dit* le GUIDE). *École lombarde.*

Né à Bologne en 1575, mort dans la même ville en 1641. Denis Calvart, bon peintre, fut son premier maître; il passa ensuite dans l'école de Louis Carrache. La manière du Caravage lui plut quelque temps; il la quitta pour une plus noble, plus agréable. Pour la correction du dessin et la noblesse de l'expression, les têtes du Guide peuvent être comparées à celles de Raphaël. Son coloris est frais, ses teintes transparentes, sa touche fine et légère; les extrémités de ses figures, délicates et bien terminées, font reconnaître ses ouvrages.

189. — Saint-Jean-Baptiste caressant l'agneau sans tache.
Hauteur, 1 m. 57 c. sur 1 m. 13 c. 5 mill. de largeur.
Ce tableau est gravé.
On ne peut se dispenser de louer un si bel ouvrage.

190. — Ecce homo.
Demi-figure, d'une expression naturelle.
Largeur, 0 m. 92 c. sur 1 m. 13 c. 5 mill. de hauteur.

191. — Tête de Christ, couronnée d'épines.
Répétition ou bonne copie du tableau qu'on voit au musée de Paris.
Hauteur, 0 m. 59 c. 5 mill. sur 0 m. 43 c. 5 mill. de largeur.

192. — Saint-François-d'Assise, les yeux vers le ciel, semble prier Dieu de l'appeler à lui. Fond de paysage agreste.
Copie.
On voit au musée de Paris le même saint, dans la même position, mais en pied, aussi de la main du Guide.

193. — Mater dolorosa.
Copie.
Hauteur, 0 m. 70 c. sur 0 m. 34 c. de largeur.

194. — Saint-Sébastien.
Copie d'un tableau du musée de Paris.
Hauteur, 1 m. 13 c. 5 mill. sur 0 m. 85 c. 5 mill. de largeur.

HELMBRECKER (Théodore.)

Né à Harlem en 1624, mort à Rome en 1694. Élève de Grebber, son compatriote. Il forma d'ailleurs son talent en Italie, où il passa presque toute sa vie ; ce qui lui a fait donner un caractère particulier à ses ouvrages, qu'on croirait sortis d'un pinceau italien. Les tableaux de ce maître sont fort rares et très-recherchés ; on n'en trouve guère que dans les cabinets les plus distingués.

195. — Des buveurs, à la porte d'une chaumière, semblent inviter une marchande d'œufs à les imiter ; un paysan, tenant une mandoline, cherche à la retenir par ses accords.
Largeur, 0 m. 66 c. sur 0 m. 50 c. de hauteur.

196. — Paysan et paysanne, de la campagne de Rome, dansant la saltarello ; on voit une fileuse, à gauche.
Pendant.

197. — Même sujet, avec quelques différences.
Ces tableaux sont signés F. Helmbrecker.
Hauteur, 0 m. 43 c. 5 mill. sur 0 m. 33 c. de largeur.

HERMANN, d'Allemagne.

Ce peintre n'est point connu.

198. — Tableau de nature morte. Gibier, gigot, dinde piquée, choux-fleurs, etc.
Ce tableau, imitation parfaite de la nature, est signé en toutes lettres, Hermann.
Largeur, 1 m. 54 c. sur 1 m. 43 c. de hauteur.

HOLBEEN le jeune (Jean). *École allemande.*

Né à Bâle, en Suisse, en 1498; mort à Londres, en 1554. Son père, Jean, bon peintre de portraits, fut son maître. Il n'alla jamais en Italie; et, sans secours, par son génie naturel, il se plaça au premier rang, quoique peignant de la main gauche.

199. — Portrait d'un vieillard vu de profil et coiffé d'un turban.

Hauteur, 0 m. 54 c. sur 0 m. 40 c.

On lui attribue :

200. — Saint-Jérôme méditant sur les vanités du monde, avant de quitter la pourpre romaine.

La tête est du plus beau fini.

Largeur, 1 m. 07 c. 5 mill. sur 0 m. 86 c. 5 mill. de hauteur (sur bois).

DE HOOGE (Pierre).

On ne sait le lieu de sa naissance ni celui de sa mort. Élève de Berghem, et après imitateur de Metzu et de Mieris; le faire de ses tableaux est d'une grande facilité, mais moins fini que ses maîtres.

201. — La leçon de chant.

Ce tableau est signé P. H.

Hauteur, 0 m. 46 c. sur 0 m. 46 c. (sur bois).

HUE (J.-F.). *École française.* (XVIII.ᵉ siècle.)

Né à Versailles; élève de Joseph Vernet, membre de l'ancienne Académie de peinture.

202. — Vue d'une cascade sous un berceau de rochers. Personnages.

Ce tableau, d'un coloris chaud, a souvent été attribué à Lantara; il est signé Hue.

Largeur, 0 m. 43 c. sur 0 m. 35 c. de hauteur.

HUET (C.) père. *École française.*

Né à Paris, il vivait dans le siècle dernier. On connaît

un autre Huet, né à Paris en 1745, qui fut peintre du roi ; il pourrait être fils de celui-ci.

203. — Un chien en arrêt sur des perdrix.

Ce bon tableau de genre était attribué à Desportes ; mais il est signé C. Huet. 1740.

Largeur, 0 m. 68 c. 5 mill. sur 0 m. 62 c. de hauteur.

JORDANS (Jacques).
Élève d'Adam Van-Oort.

Né à Anvers en 1594, mort le 18 octobre 1678.

204. — Vieillard à barbe blanche, couronné de pampre.

Hauteur, 0 m. 46 c. sur 0 m. 35 c.

JEAN DE UDINE (Jean Nanni). *École vénitienne.*

Né à Udine, capitale du Frioul, en 1494 ; mort à Rome en 1564. Son premier maître fut Giorgion ; ensuite il vint à Rome, dans l'école de Raphaël, où il s'attacha à peindre les animaux, les fruits, les fleurs, les ornements : sa manière est grande. Ses ouvrages, quoique d'un genre inférieur à l'histoire, méritent la plus grande estime.

205. — Singes, dindons, poules, perroquet, etc.

Ce tableau est digne de l'habile homme à qui Raphaël confia l'exécution de la plus grande partie des ornements de la galerie du Vatican.

Largeur, 1 m. 56 c. 5 mill. sur 1 m. de hauteur.

KALF (Guillaume). *École hollandaise.*

Né à Amsterdam en 1630, où il mourut en 1693. Il était élève d'Henri Pot, peintre d'histoire et de portraits ; mais, par goût, il s'attacha à peindre les objets inanimés et quelques tableaux d'intérieur, avec un véritable talent et d'une manière originale.

206. — Le Camouflet.

Tableau d'intérieur extrêmement remarquable par la couleur et l'expression des personnages.

On voit au Musée de Paris une répétition de ce tableau, mais de forme octogone.

(Sur bois et de forme ovale.)

Largeur, 0 m. 50 c. sur 0 m. 38 c. de hauteur.

KRAYER ou CRAYER (Gaspard). *École flamande.*

Né à Anvers en 1582, mort à Gand en 1669. — Élève de Raphaël Coxis, il surpassa son maître en peu de temps, s'étant fait une loi de l'imitation de la nature. Ses ouvrages sont remarquables par la beauté du coloris et l'expression de ses personnages. Dans une visite que lui fit Rubens, il lui dit : Krayer, personne ne vous surpassera. Van-Dyck peignit son portrait et le plaça dans la collection qu'il avait faite des grands hommes de son siècle. Jean Van-Cleef fut son élève.

207. — Éducation de la Vierge.

Hauteur, 2 m. 66 c. sur 1 m. 81 c. de largeur. Ce bel ouvrage d'un grand coloriste est un des plus précieux de la collection. (Donné par le Gouvernement.)

LA HIRE (Laurent de). *École française.*

Né à Paris en 1606, il y mourut en 1656. Son père, Étienne de la Hire, fut son premier maître; ensuite il entra dans l'école de Vouet, où il devint habile en peu de temps. Sa manière de peindre est fine et légère, ses compositions sages et bien entendues. Son imagination féconde le rendait propre à tous les genres; cependant il s'est particulièrement distingué dans le paysage. Philippe, l'aîné de ses enfants, fut son élève.

208. —Sainte Famille en repos sur des ruines.

Beau tableau, reconnu un des meilleurs de ce maître; il a été gravé plusieurs fois.

Il est signé L. Lahire in et f. 1641.

Hauteur, 2 m. 50 c. sur 1 m. 66 c. de largeur.

209. — Repos de la Sainte Famille, près

d'une fontaine, non loin d'un rocher orné de fabriques.

Largeur, 0 m. 35 c. sur 0 m. 46 c. de hauteur.

210. — Le dimanche des Rameaux.
Hauteur, 3 m. 16 c. sur 2 m. de largeur.

LACROIX (Gaspard).
Artiste vivant.

211. — Pêcheurs catalans.
Largeur, 1 m. ; hauteur, 0 m. 70 c.

LAIRESSE (Gerard de).
Né à Liége en 1640, mort à Amsterdam en 1711.

212. — Paysage héroïque. Pan châtié par l'Amour ; Vénus encourage son fils.

Cet ouvrage, dans le genre du Poussin, mais d'un ton plus chaud, est bien composé et largement exécuté.

Largeur, 0 m. 78 c. 5 mill. sur 0 m. 59 c. 5 mill. de hauteur.

LAMBRETCH (Van-Oort). *École flamande.*

Né à Amersfort en 1520. En 1547, il fut admis dans le corps des peintres d'Anvers. Il était bon peintre et architecte.

213. — Une cuisinière et deux autres personnages.
Tableau d'intérieur.
Hauteur, 0 m. 33 c. sur 0 m. 27 c. de largeur.

LANCRET (Nicolas). *École française.*

Né à Paris en 1690, il y mourut en 1745. Il étudia successivement sous Pierre d'Ulin, Gillot, et enfin sous Wateau, dont il imita la manière. Il s'est distingué par des compositions variées, des groupes formés de figures gracieuses; la légèreté de son pinceau était surprenante, et son exécution soignée. Il n'a point laissé d'élèves.

214. — Scène de carnaval.
Au milieu d'une assemblée presque entièrement travestie, un homme et une femme dansent au son de la vielle et du violon.
Largeur, 0 m. 81 c. sur 0 m. 66 c. de hauteur.

215. — Une jolie femme arrive dans une voiture traînée par des chiens; elle est reçue par une société joyeuse, réunie à la porte d'une auberge de village.
Pendant de l'autre.
On ne saurait peindre plus agréablement. Watcau lui-même n'aurait pas montré plus de finesse d'exécution.

216. — Portrait de la Camargo, célèbre danseuse de l'Opéra sous Louis XV et Louis XVI, vers 1750.
Ce tableau a été gravé.
Largeur, 0 m. 51 c. 5 mill. sur 0 m. 43 c. de hauteur.

LANGEVIN. *École française.*

Il vivait dans le siècle dernier; nous n'en savons pas davantage sur son compte.

217. — Marine (sur bois).
Largeur, 0 m. 19 c. sur 0 m. 11 c. de hauteur.

218. — Autre marine (sur bois).
Largeur, 0 m. 19 c. sur 0 m. 11 c. de hauteur.

LE BRUN (Charles). *École française.*

Né à Paris en 1619, il y mourut en 1690. Élève de Simon Vouet, et ensuite, à Rome, du Poussin, pendant six ans, il sut l'imiter à s'y méprendre. Sa manière rapproche de celle des Carrache; mais on pourrait désirer qu'il eût fait un plus long séjour à Venise, pour donner à son coloris plus de fraîcheur et de vérité.

219. — Le Père Éternel dans sa gloire, entouré des Anges. Croquis original.
Plafond dans la chapelle de Sceaux, près Paris.
Plafond carré de 1 m. 16 c. Gravé.

220. — Héliodore chassé du Temple.
Copie d'après Raphaël.

221. — La messe de Bolzen.
Copie d'après Raphaël.
Tous deux d'après des fresques du Vatican.

222. — Conversion de Saint-Paul.
É. de Le Brun.
Hauteur, 0 m. 65 c. sur 0 m. 55 c.

LÉONARD DE VINCI. *École florentine.*

Né en 1445, dans le château de Vinci, auprès de Florence, et mort à Fontainebleau en 1520, dans les bras de François Ier. Son premier maître fut André Verocchio ; ses élèves sont nombreux, mais peu connus en France. Léonard réunissait à son talent supérieur en peinture, de vastes connaissances en mathématiques et en hydraulique. Son livre de préceptes sur la peinture prouve celles qu'il avait dans la perspective : il était aussi architecte et sculpteur.

223. — Jésus portant sa croix et maltraité par ses bourreaux (peint sur bois et non terminé).
Ce tableau est admirable.
Largeur, 0 m. 92 c. sur 0 m. 66 c. de hauteur.

224. — La Vierge aux Rochers.
Admirable copie du tableau du Musée Royal, à Paris, par Bernardino Luini, imitateur du Vinci, et dont les peintures, moins connues hors de l'Italie, portent le nom du grand homme.
Hauteur, 1 m. 83 c. sur 1 m. 33 c.

225. — La Vierge aux Rochers.
Copie du tableau du Musée Royal.
Hauteur, 1 m. 66 c. sur 1 m. de largeur.

226. — Jeunes religieux et saintes femmes.

Ce tableau, peint en détrempe, est attribué, par les Italiens, à Léonard. Manière de son maître, le Verocchio.
Largeur, 0 m. 32 c. sur 0 m. 27 c.

LE MASNE.
Peintre vivant.

227. — Raphaël montrant au pape Jules II la statue de l'Apollon dit du Belvédère, trouvée, en fouillant une vigne, près de Rome.
Hauteur, 1 m. 80 c.; largeur, 2 m. 40 c.

L'ESPAGNOLET (Joseph Ribera, dit). *École espagnole.*

Né dans le royaume de Valence en 1589. Mort à Naples en 1649. S'étant rendu fort jeune en Italie, il étudia sous Michel-Ange de Caravage et devint fort habile; plus tard, il changea de manière et prit celle du Corrège, qu'il abandonna pour reprendre sa première manière. Son génie naturel le portait à représenter les sujets terribles. Lucas Giordano est le plus connu de ses élèves.

228. — Jésus disputant avec les Docteurs.
Largeur, 1 m. 33 c. sur 1 m. 16 c. de hauteur.
Le peintre ne pouvait faire un plus mauvais choix de têtes, toutes sont ignobles et ne conviennent point au sujet; mais, sous le rapport de la vérité de l'expression, de la vigueur du coloris, ce beau tableau ne laisse rien à désirer.

229. — Martyre de Saint-Barthélemy; morceau remarquable. (Gravé.)
Ribera a souvent répété ce sujet.
Hauteur, 1 m. 73 c. sur 1 m. 22 c. de largeur.

230. — Saint-Jérôme tenant une tête de mort. Morceau d'un plus grand tableau.
Hauteur, 0 m. 68 c. sur 0 m. 55 c.

LESSORE (Émile).

Artiste vivant.

231. — L'âne de la ferme. Il porte une petite fille, et un jeune garçon le conduit.

Largeur, 1 m. 35 c. sur 1 m. 20 c.

LESUEUR (Eustache). *École française.*

Né à Paris en 1617. Mort à Paris en 1655. Il fut élève de Simon Vouet, ne vit jamais l'Italie ni les chefs-d'œuvre de l'antiquité, et cependant parvint, par son seul génie, au sublime de son art. Sa vie fut trop courte, et cependant le nombre de ses ouvrages est immense; citons au premier rang la vie de Saint-Bruno et Saint-Paul à Ephèse, qu'on voit au musée de Paris. Il réunissait toutes les qualités d'un grand peintre, à l'exception du coloris, qu'on trouve faible.

232. — Le lever de l'Aurore. Les Zéphyrs la précèdent, chassent les ombres de la nuit et répandent la rosée.

Esquisse gracieuse d'un plafond qu'il exécuta en grand dans une maison de l'île Saint-Louis à Paris.

Forme ovale. Largeur, 0 m. 43 c. sur 0 m. 35 c. de hauteur.

LICHERIE (Louis).

Né à Oudan, en Normandie; mort en 1687. Élève distingué de Charles Lebrun.

233. — Ravissement de Saint-Joseph.

La ville qu'on aperçoit au-dessous est Paris. C'est un portrait fort exact d'une partie de la capitale. La butte à gauche est celle de Montmartre.

Ce tableau, d'un dessin excellent, d'un coloris flatteur et d'un fini précieux, a passé longtemps pour être de Lebrun. Il est de Licherie, et signé en toutes lettres.

Hauteur, 2 m. 41 c. sur 1 m. 66 c. de largeur.

LOTTO (Lorenzo). *École vénitienne.*

De Bergame, vivait en 1554. Mort à Lorette, dans un âge avancé. Élève de Jean Bellin.

234. — La femme adultère amenée devant Jésus.

Répétition d'un tableau qu'on voit au musée de Paris, et ne craignant point la comparaison.

Hauteur, 1 m. 8 c. sur 1 m. 41 c. de largeur.

LUCAS. *École française.*

Peintre du siècle dernier, dont nous ne connaissons point la vie, mais qui sans doute était élève de Boucher. Il était petit-fils du peintre Tournières, et fut, en 1789, secrétaire de l'Académie de peinture.

235. — L'été.

236. — L'automne.

237. — L'hiver.

238. — Le printemps.

Tous d'égale dimension. Largeur, 0 m. 66 c. sur 0 m. 35 c. de hauteur.

LOUTHERBOURG (Philippe-Jacques).

Né à Strasbourg, reçu à l'Académie royale en 1763 ; est mort à Londres.

239. — Un berger appuyé sur un âne, moutons auprès d'un rocher.

Ovale.

Hauteur, 0 m. 50 c. sur 0 m. 38 c. de largeur.

LUTTI (Benedetto). *École florentine.*

Né à Florence en 1666, mort à Rome en 1724. Élève de Galbiané, il s'attachait principalement à la couleur ; son dessin n'était pas très-correct, mais il régnait dans ses compositions un accord harmonieux. Jean-Baptiste Vanloo fut son élève.

240. — Trois têtes de saints.
Ébauche d'un grand mérite (sur carton).
Largeur, 0 m. 21 c. 5 mill. sur 0 m. 16 c. 5 mill.

LUINI (Bernardino).

Il vivait en 1500. Il imita Léonard de Vinci.

241. — Tête d'enfant.
0 m. 41 c. sur 0 m. 27 c.

241 bis. — Sainte Famille; l'Enfant Jésus caresse Saint-Jean.
Largeur, 0 m. 65 c. sur 0 m. 70 c.

MALTAIS (le). *École napolitaine.*

Vivait vers le milieu du XVII.e siècle. Félibien le cite en même temps que Fioravente, pour la perfection avec laquelle il représentait les tapis, les instruments de musique, les vases, etc.

242. — Armures anciennes, vases posés sur un riche tapis de Turquie.
Largeur, 0 m. 92 c. sur 0 m. 66 c. de hauteur.

243. — Vases, guitare, aras, fruits sur un riche tapis rouge.
Pendant de l'autre, mais moins beau.

244. — Deux soldats jouant aux cartes sur un tambour. Riches armures, tapis de Turquie, coussins, etc.
Largeur, 0 m. 62 c. sur 0 m. 46 c. de hauteur.

245. — Une maîtresse d'école fait lire et broder de petites filles. Riches tapis, etc.
Pendant du précédent.

MANFREDI (Barthélemi). *École lombarde.*

Né à Mantoue, mort à Rome en 1650. Après ses premières études, il entra dans l'école du Caravage, où il devint un second lui-même. On lui accorde cependant plus de goût et un meilleur choix de figures. Malheureusement, il mourut à la fleur de son âge.

246. — Judith, après avoir coupé la tête d'Holopherne, aperçoit le soleil levant et cherche le moyen de retourner à Béthulie.

Ouvrage d'un grand effet et d'une bonne couleur.

Hauteur, 0 m. 78 c. 5 mill. sur 0 m. 66 c. de largeur.

CARLE MARATTI. *École romaine.*

Né à Camerano, dans la marche d'Ancône, en 1625; mort aveugle en 1713. Élève d'André Sacchi, dans l'école duquel il resta 19 ans. Il parvint, en copiant les ouvrages des plus grands maîtres, à acquérir un talent très-distingué. On remarque principalement ses vierges et ses anges, qu'il a su rendre d'une manière à la fois noble et gracieuse. Ses élèves furent nombreux.

247. — La Vierge et l'Enfant Jésus assis sur ses genoux, et donnant la bénédiction.

Hauteur, 1 m. 50 c. sur 1 m. 8 c. de largeur.

248. — Tête de Saint-Étienne (étude).

Hauteur, 0 m. 67 c. sur 0 m. 55 c. de largeur.

249. — Quatre têtes d'étude pour son tableau qu'on voit dans l'église de Sainte-Croix-de-Jérusalem à Rome.

Carle Maratti n'a jamais mieux fait; cette étude est d'une excellente exécution.

Largeur, 0 m. 92 c. sur 0 m. 46 c. de hauteur.

250. — Une naissance, ou adoration des bergers; effet de nuit.

Hauteur, 0 m. 50 c. ; largeur, 0 m. 33 c.

MARIO DES FLEURS (Mario Nuzzi, *dit*). *École napolitaine.*

Né à Penna en 1603, mort à Rome en 1673. Élève de

son oncle Salini. De son temps, ses ouvrages furent très-recherchés; mais, peu d'années après, ils perdirent leur fraîcheur, et prirent un ton sombre et terne. Son talent pour peindre les fleurs lui valut son surnom.

251. — Vase de cristal rempli d'œillets, posé sur des livres; écritoire, horloge de table.
Hauteur, 0 m. 57 c. sur 0 m. 46 c. de largeur.

252. — Vase de cristal rempli de fleurs variées, posé sur des livres; tête de mort; une chandelle éteinte et fumant encore. Pendant.
Le peintre a voulu exprimer une pensée philosophique.

MARTIN l'aîné. *École française.*

Élève de Vandermeulen, né à Paris en 1659, où il mourut en 1735.

253. — Vue de Saint-Cloud (du temps de Louis XIV), de la rive opposée.
Les figures de ce tableau sont très-finement touchées.
Largeur, 3 m. 43 c. sur 1 m. 86 c. de hauteur.

MARYN (Krytz Schmitz). *École allemande.*

Vivait vers le milieu du XVI.e siècle.

254. — Avare pesant son or; sa femme, jeune et jolie, le regarde faire (sur bois).
Ce tableau, précieux par son beau fini et sa conservation, est signé en caractères allemands, *Krytz Schmitz Maryn in et fecit.* A 1538.
Largeur, 1 m. 13 c. 5 mill. sur 0 m. 76 c. de hauteur.

MATHER (T.)

255. — Animaux morts. Poule, perdrix, lièvre et canards.
Largeur, 0 m. 81 c. sur 0 m. 66 c. de hauteur.

256. — Poissons morts : carpe, barbeaux, targie, lubines, tranche de saumon et chaudron.

Pendant du précédent. Ces deux tableaux sont signés Mather *fecit* 1671. Dans leur genre, ils sont fort remarquables par leur imitation parfaite de la nature.

MATTIOLI (Louis). *École napolitaine.*
Né en 1662, mort en 1741.

257. — Paysage. Pont, obélisque en ruine.
Rond de 0 m. 21 c. 5 mill. de diamètre.

MAUPERCHE.

258. — Paysage. Vue d'une jolie campagne arrosée par une rivière, et dont on voit une partie par l'ouverture d'une roche percée.
Hauteur, 0 m. 19 c. sur 0 m. 36 c. 5 mill. de largeur.

MICHAU (Théobald). *École flamande.*
Né à Tournay en 1676; travailla à Anvers et à Bruxelles.

259. — Paysage. On voit une femme montée sur un cheval blanc, et suivie d'un homme et d'une femme. Autres personnages, etc.
Sur cuivre.
Hauteur, 0 m. 24 c. sur 0 m. 16 c. de largeur.

260. — Paysage. Un homme suivi d'un chien. Autres personnages.
Sur cuivre.
Pendant du précédent.
Ces deux jolis tableaux sont des meilleurs de ce maître.

261. — Petite marine. Marchands de poissons.

262. — Autre. Marchands attendant l'arrivée des pêcheurs.

263. — Paysage. Bergers et animaux.

264. — Autre. Joueurs de cartes à la porte d'une chaumière.

Quatre jolis tableaux peints sur cuivre.
Largeur, 0 m. 16 c. sur 0 m. 13 c. 5 mill. de hauteur.

MICHEL (Pierre-François). *École française.*
Imitateur de Salomon Ruysdael.

265. — Paysage. Animaux allant à l'abreuvoir, chariot attelé de 4 chevaux, etc. (Bois.)

Les figures sont de Taunay.
Largeur, 0 m. 57 c. sur 0 m. 40 c. 5 mill. de hauteur.

MICHEL-ANGE DES BATAILLES. *École romaine.*

Michel-Ange Cercozzi, né à Rome en 1602, mort en 1660. Il fut surnommé Michel-Ange des Batailles et des Bambochades, à cause de sa supériorité dans ces genres. Il avait l'art de donner un ridicule si plaisant à ses figures, qu'on ne pouvait s'empêcher de rire en les regardant.

266. — Le chat emmaillotté, scène de carnaval rendue avec une verve et une gaieté étonnantes.

Hauteur, 0 m. 92 c. sur 1 m. 16 c. de largeur.

267. — Musiciens. Un homme assis joue du violon près d'une femme qui l'accompagne sur le tambour de basque. Un homme debout derrière joue du hautbois.

Hauteur, 0 m. 43 c. sur 0 m. 33 c. de largeur.

MIERIS (Guillaume Van), le jeune. *École hollandaise.*

Né en 1662, et mort en 1747. Élève et le plus jeune des deux fils de François Mieris.

268. — Pygmalion et sa statue.
Scène de nuit rendue avec un grand talent. (Sur bois.)
Largeur, 0 m. 25 c. sur 0 m. 21 c. 5 mill. de hauteur.

269. — Sainte-Agathe en prison, visitée par Saint-Pierre et un Ange.
Scène de nuit, d'un genre noble et d'une bonne couleur.
Largeur, 0 m. 50 c. sur 0 m. 33 c. de hauteur.
Il existait autrefois, dans la galerie du prince de Condé, un tableau exactement pareil, de même grandeur, mais sur ardoise; il était attribué à Alexandre Turchi, connu sous le nom d'Alexandre Veronese. Le nôtre est sûrement une bonne copie de ce tableau, ou une répétition.

MIGNARD (Pierre). *École française.*

Né à Troyes en 1610, mort à Paris en 1695.

Un peintre obscur fut son premier maître ; puis il passa deux ans à Fontainebleau, à copier, dans le palais, les chefs-d'œuvre des arts; après quoi il entra dans l'école de Vouet. Vingt-deux ans de séjour en Italie perfectionnèrent son talent en peinture. Quoiqu'il ait peint l'histoire, c'est principalement en peignant le portrait qu'il s'est fait un nom. A force de terminer ses ouvrages, il devenait froid ; son dessin manquait de correction; mais l'ordonnance de ses compositions est assez heureuse ; il était bon coloriste. Le meilleur de ses grands ouvrages est la coupole du Val-de-Grâce, peinte à fresque. Sarlay est son seul élève.

270. — Armide et Renaud, nymphes et amours.
Largeur, 1 m. 27 c. sur 1 m. de hauteur.
Gravé.

271. — Portrait à mi-corps d'Anne d'Autriche, femme de Louis XIII, et mère de Louis XIV.
Répétition d'un portrait entier d'Anne d'Autriche, fait pour la cour. Celui-ci est fort beau.
Hauteur, 0 m. 62 c. sur 0 m. 43 c. de largeur.

272. — Portrait du cardinal Mazarin.
Hauteur, 0 m. 59 c. 5 mill. sur 0 m. 43 c. de largeur.
Copie.

273. — Jeune femme arrangeant des fleurs dans un vase. Fond de paysage orné d'un monument d'architecture.
Hauteur, 0 m. 62 c. sur 0 m. 50 c.

MOLA (Pier Francesco).

Né dans le diocèse de Côme en 1612, mourut à Rome en 1668. Chercha à imiter l'Albane et le Guerchin, excella dans le paysage.

274. — Grand paysage.
Au centre du tableau, on remarque une tour auprès d'un village, et non loin d'un pont. Beau site, horizon immense, couleur chaude, lumière habilement répandue.
Plusieurs personnes le croient de Guaspre Poussin.
Hauteur, 1 m. 16 cent. sur 1 m. 66 c. de largeur.

275. — Paysage. Moine lisant. Autre posant la main sur une tête de mort.
Largeur, 0 m. 57 c. sur 0 m. 50 c. de hauteur.

MONNOYER (Jean-Baptiste), nommé communément Baptiste. *École française.*

Né à Lille en 1635, mort à Londres en 1699; il s'adonna à peindre les fleurs d'après nature, et répandait dans ses ouvrages une fraîcheur et une vérité parfaites. Antoine, un de ses fils, fut son élève.

276. — Pivoines, belles-de-nuit et autres fleurs dans un vase doré posé sur un cippe.
Hauteur, 0 m. 89 c. sur 0 m. 71 c. de largeur.
Attribué à Baptiste.

277. — Le Christ, jeune homme.
Demi-figure dans un médaillon de fleurs.
Hauteur, 1 m. 14 c. sur 1 m. de largeur.

MONPER (Josse). *École flamande.*

Naquit en Flandres en 1580. Le lieu et le temps de sa mort sont ignorés. Ses ouvrages produisent un grand effet par la dégradation des tons et par la légèreté avec laquelle ils sont touchés. Les sites qu'il a peints offrent une étendue admirable; il les faisait orner de figures par Breughel ou Teniers; mais on lui reproche de n'avoir point assez terminé ses ouvrages. Jacques Fouquières est le seul de ses élèves qui se soit distingué.

278. — Paysage. Fond de montagnes. (Sur bois.)

Largeur, 0 m. 78 c. sur 0 m. 53 c. de hauteur.

279. — Paysage. Fond de plaines. Sur le premier plan, trois chariots avec personnages.

Pendant du précédent. Les figures sont de Breughel.

MANGLARD (Adrien).

Né à Lyon en 1696, et mort à Rome en 1760. On ne connaît point son maître, mais il eut pour élève le célèbre Joseph Vernet.

280. — Vue d'un port dans la Méditerranée.

On croit que ce tableau et le suivant représentent des vues de l'île de Malte.

On aperçoit à gauche un vaisseau de guerre, où paraissent vouloir se rendre quelques personnages qu'on voit dans une barque encore au rivage.

Largeur, 2 m. 8 c. sur 1 m. 11 c. de hauteur.

281. — Marine.

Des chaloupes débarquent des soldats qu'elles ont pris à bord des vaisseaux et des galères qu'on voit au large. Pendant du précédent.

MULIER ou de MULIERIBUS (le chevalier Pietro), surnommé Tempesta. *École hollandaise.*

Né à Harlem en 1637. Mort en Italie en 1701. On ignore

qui fut son maître. Son surnom de Tempesta vient du genre qu'il avait adopté. Il peignait les tempêtes sur mer avec une effrayante vérité : ses tableaux font frémir. Souvent d'un ciel couvert d'épaisses ténèbres, on voit un nuage formidable s'ouvrir pour lancer la foudre et les éclairs, allumer des incendies et engloutir des vaisseaux déjà fracassés contre des rochers par une mer en furie. Dans le paysage, où il a également montré du talent, il est imitateur de Claude Lorrain, par l'invention; mais, sous le rapport du coloris et de la finesse du travail, il est fort au-dessous de son modèle.

282. — Naufrage.
Hauteur, 0 m. 73 c. sur 1 m. 19 c. de largeur.

283. — Marine du même genre. Tempête.
Navire hollandais naufragé au pied d'un rocher dominé par un château fort. Autres navires poussés par la tempête.
Largeur, 0 m. 66 c. sur 0 m. 50 c. de hauteur.

284. — Paysage. Le coup de tonnerre.
Scène terrible fort bien rendue.
Largeur, 0 m. 81 c. sur 0 m. 66 c. de hauteur.

MULLER (Hermann). *École allemande.*

285. — Le festin de Balthazar. (Gravé par son auteur.)
Tableau donné par M. Bedert, conservateur du Musée.

MURILLO (Barthélemi). *École espagnole.*

Né à Pilas, près de Séville, en 1613, et mort dans cette dernière ville en 1685. Élève de Jean de Castillo et de Velasquez, il acheva de se former en copiant des tableaux du Titien, de Van-Dyck et de Rubens. On trouve dans ses ouvrages des incarnations vraies, un pinceau moelleux et une grande intelligence du clair-obscur. C'est un des peintres qui ont le plus approché de la nature.

286. — Vieillard aveugle assis sur une pierre; il paraît chanter en s'accompagnant de la vielle.

Dans ce tableau, Murillo se rapproche de Velasquez. Grandeur naturelle.

L'imitation de la nature étant le but de la peinture, on ne peut nier que cet ouvrage mérite, sous ce rapport, d'être placé en première ligne.

Hauteur, 1 m. 66 c. sur 1 m. 03 c. de largeur.

287. — Vieillard à barbe grise tenant une cruche et se versant du vin rouge.

D'une originalité douteuse.

Hauteur, 0 m. 84 c. sur 0 m. 73 c. de largeur.

288. — Jeune fille vêtue de bleu et tenant un livre de prières.

Ce portrait, pour la vérité du caractère et de l'expression, est regardé par les connaisseurs comme un des plus beaux tableaux du Musée.

Hauteur, 0 m. 62 c. sur 0 m. 46 c. de largeur.

289. — Jeune homme buvant. (Croquis.)

Hauteur, 0 m. 67 c. 5 mill. sur 0 m. 48 cent. 5 mill. de largeur.

290. — Un moine lisant une sentence morale en grec, un autre tenant une tête de mort et méditant.

La sentence en grec signifie: La charité et la continence purifient l'âme. Bon tableau.

Largeur, 0 m. 89 c. sur 0 m. 66 c. de hauteur.

291. — Petit mendiant trempant un morceau de pain dans un verre d'eau. (Croquis).

292. — La Vierge tenant l'Enfant Jésus debout.

Petit croquis attribué à Murillo par les connaisseurs.

Hauteur, 0 m. 21 c.; largeur, 0 m. 17 c.

293. — Un ange annonce aux bergers la venue du Christ. (Genre de croquis.)

Hauteur, 1 m. 40 c.; largeur, 1 m.

294. — Assomption. La Vierge au ciel, entourée des Anges et des Chérubins.

Largeur, 0 m. 50 c.; hauteur, 0 m. 76 c.

NATOIRE, *peintre français*.

295. — Didon se donnant la mort.
Jolie esquisse d'un plus grand tableau.
Hauteur, 0 m. 78 c. sur 0 m. 60 c.

NOEL (Jules).
Artiste vivant.

296. — La rade de Brest, d'un temps calme.
Hauteur, 1 m. 30 c.; largeur, 2 m.

OUDRY (Jean-Baptiste). *École française.*

Né à Paris en 1686, mort à Beauvais en 1755. Élève de son père et de Largilière ; ce dernier, pour le perfectionner dans le coloris, lui fit copier les tableaux de Rubens qu'on voyait au Luxembourg. Après avoir essayé tous les genres, il se fixa à celui des animaux et des fleurs, accompagnés de fonds d'architecture et de paysage, qu'il peignait toujours d'après nature. Cet habile homme composait facilement ; toujours fidèle à la nature, son coloris est vague et cependant vigoureux, et son pinceau ferme et léger.

297. — Paysage.
On voit à gauche un moulin à eau ombragé par un chêne séculaire. Dans le fond, une femme montée sur un âne descend un coteau, en conduisant des vaches et des moutons. Sur le premier plan, on remarque un chien lapant dans un ruisseau, un âne chargé de légumes, deux moutons et un taureau.
Bon tableau, signé J.-B. Oudry, 1740.
Largeur, 1 m. 50 c. sur 1 m. 13 c. 5 mill. de hauteur.

298. — Chasse au loup dans une forêt.
L'animal se défend contre des chiens. Pendant de l'autre ; mais bien supérieur. C'est vraiment un chef-d'œuvre. Signé J.-B. Oudry, 1748.

299. — Chien caniche saisissant un canard.
Largeur, 0 m. 43 c. sur 0 m. 53 c. de hauteur.

300. — Un épagneul près d'un coussin.
Largeur, 0 m. 51 c. sur 0 m. 43 c. de hauteur.

OVENS (JURIEN). *École hollandaise.*

Il était élève de Rembrandt, et peignait encore en 1675.

301. — Départ de Tobie pour retourner chez son père.

Ce tableau est constamment attribué à Rembrandt par les étrangers ; c'est le plus bel éloge qu'on en puisse faire.

Le fils de Tobie, après avoir recouvré les 10 talents que Gabelus devait à son père, et épousé Sara, fille de Raguel, se dispose, toujours sous la conduite de l'Ange, à rejoindre son père. Largeur, 2 m. 16 c. sur 1 mètre 81 c. de hauteur. Cette noble et belle composition, cette scène patriarcale si bien rendue, et d'une couleur si naturelle, donne une grande idée du talent d'Ovens, peintre peu connu. Signé J. Ovens, 1651.

PALAMÈDE (PALAMADESSEN STELVERS). *École Hollandaise.*

Né à Londres, d'un père hollandais, en 1607 ; mort en Hollande en 1638. Il apprit la peinture sans maître, et seulement en copiant Isaïe-Van-den-Velde, et à force de recommencer. Ce zèle infatigable le fit atteindre au but. Ses ouvrages se soutiennent auprès des meilleurs de son école.

302. — Dame jouant aux cartes avec des militaires qui la filoutent ; une autre dame pince de la harpe.

Scène aux lumières d'une jolie couleur ; composition agréable, touchée avec un sel étonnant. (Sur cuivre.)

Largeur, 0 m. 21 c. 5 mill. sur 0 m. 16 c. de hauteur.

PANINI (JEAN-PAUL).

Né à Piacenza en 1691, mort en 1764.

303. — Plusieurs ruines à Rome réunies dans

le même cadre. Une Sibylle parle à des guerriers des destinées de ce monde.

Hauteur, 1 m. 80 c. sur 1 m. 50 c.

PATEL.

304. — Paysage au soleil couchant.
Toute l'atmosphère est embrasée de la chaleur du ciel. Chasse au cerf.

305. — Vue de coteaux aux bords d'une rivière.
Soleil couchant.

PALME (JACQUES) le Vieux. *École vénitienne.*

Né à Serinalta, dans le Bergamasque, en 1540 ; mort à Venise en 1588. Il eut pour maître Le Titien, et pour élève Lorenzo Lotto de Bergame entre autres.

306. — Études d'enfants.
Hauteur, 1 m. 11 c. sur 1 m. 05 c. de largeur.

PARROCEL (JOSEPH). *École française.*

Né à Brignoles en 1648, mort à Paris en 1704. Son frère Louis lui donna les premières leçons. A Rome, il travailla sous le Bourguignon, ce qui confirma son goût pour les batailles. Ce fut à Venise qu'il acquit le beau coloris qu'on remarque dans ses ouvrages. Il a peint avec succès tous les genres, et dans tous on voit la fécondité de son génie et la diversité de ses moyens d'exécution. C'est le plus célèbre de tous les Parrocel. Son fils Charles et son neveu Ignace, ainsi que François-Silvestre, paysagiste, furent ses élèves.

307. — Moines guérissant des possédés.
Cet ouvrage est surprenant pour la couleur et l'effet ; il est sans doute un des plus beaux de ce maître.
Largeur, 2 m. 62 c. sur 1 m. 70 c. de hauteur.

PASSERI (BERNARDIN).

Florissait à Rome en 1584.

308. — Vision de Saint-Jérôme. Des anges lui annoncent le jugement dernier. Composition pleine de vie et d'originalité.

Hauteur, 0 m. 60 c. sur 0 m. 50 c. de largeur.

PATER (JEAN-BAPTISTE). *École française.*

Né à Valenciennes en 1696, mort à Paris en 1736. Il était peintre de genre dans la manière de Watcau, mais ne l'égala point.

309. — Vue d'une partie des jardins de Marly, musiciens, promeneurs.

Ce tableau est fort joli : ce peintre n'a pas toujours fait aussi bien.

Largeur, 0 m. 62 c. sur 0 m. 40 c. 5 mill. de hauteur.

310. — Paysage. Une famille en partie de plaisir.

Largeur, 0 m. 51 c. 5 mill. sur 0 m. 43 c. de hauteur.

311. — Personnages dans un jardin. Un jeune homme baise la main d'une dame.

Hauteur, 0 m. 41 c. sur 0 m. 38 c. de largeur.

PERROT (FERDINAND.)

Né à Nantes, et mort à Saint-Pétersbourg en octobre 1841.

312. — Marine. Sauvetage d'un bateau de pêche bas-breton par le *Neptune*, navire danois, sur la côte de Bretagne.

PERUGIN (PIERRE). *École romaine.*

Pérouse fut le lieu de sa naissance, en 1446; il en tira son nom. Il mourut en 1524. Ses premières études eurent lieu à Florence, dans l'école d'André Verocchio, où il rencontra Léonard de Vinci, avec lequel il travailla. A force d'application, il parvint à peindre d'une manière gracieuse, et à s'éloigner du goût gothique, qui était encore en usage de son temps, et dont il ne put jamais se défaire entièrement. On remarque qu'à une certaine époque il se perfectionna beaucoup par les exemples de Raphaël, qui avait été son élève, et devint son maître.

313. — Le prophète Isaïe, le premier des grands prophètes.

Il commença ses prophéties sous le règne d'Osias, 785 ans avant J.-C., et les termina sous celui de Manassès, qui le fit scier en deux.

314. — Le prophète Jérémie, le deuxième des grands prophètes.

Il commença ses prédictions 625 ans avant Jésus-Christ. Il prophétisa la ruine de Jérusalem, après laquelle il fut emmené prisonnier en Egypte, et lapidé.

Ces deux tableaux sont ronds, de 1 m. 33 c. de diamètre; beaux comme des Michel-Ange.

315. — École de Perugin. La Vierge, Saint-Jean l'Évangéliste et le donateur du tableau (bois).

Hauteur, 0 m. 71 c. sur 0 m. 57 c. de largeur.

316. — Saint-Jean-Baptiste et Saint-Antoine.
Pendant du précédent.
Deux bons tableaux.

PETERS (BONAVENTURE).

Naquit à Anvers en 1614 et mourut dans la même ville en 1652. Il peignait des marines, des ouragans terribles : c'est presque toujours des ciels confondus avec l'eau, des vaisseaux prêts à être engloutis.

317. — Marine. Tempête.

Des barques assaillies par la tempête gagnent un port pour s'y réfugier. Des hommes placés sur une digue s'apprêtent à donner des secours.

Largeur, 0 m. 81 c. sur 0 m. 57 c.

PIETERS (Jean). *École Flamande.*

Né à Anvers en 1625, l'époque de sa mort est inconnue. Ainsi que son frère Bonaventure, il peignait des marines et des combats sur mer.

318. — (Attribué.) Grande marine.
Vue d'une rade, où plusieurs vaisseaux de guerre français et hollandais arrivent. Un château fort, placé sur d'immenses rochers, défend la rade. Beau tableau d'un ton vaporeux et d'un grand effet.
Largeur, 1 m. 19 c. sur 0 m. 81 c. de hauteur.

PIETRE DE CORTONE (Pietro Berettini). *École florentine.*

Né à Cortone (dont il a pris le nom) en 1596, mort à Rome en 1669. Élève de peintres inconnus maintenant, il parvint à acquérir la réputation du plus grand peintre de son temps. Il faut cependant convenir que la postérité n'a point entièrement confirmé cette grande renommée. Personne n'a montré plus de fécondité, n'a mieux su disposer un grand sujet, ni mieux lier ses groupes ; mais on lui reproche un dessin peu correct, des caractères de tête souvent répétés, une manière de draper qui manque de noblesse. Ciro Ferri, Romanelli et beaucoup d'autres sortirent de son école.

319. — Josué arrêtant le soleil, pour vaincre les Amalécites.
Sujet grandement traité et peint avec une franchise de touche qui prouve la facilité du maître.
Largeur, 2 m. 33 c. sur 1 m. 33 c. de hauteur.

320. — D'après lui, Sainte-Catherine d'Alexandrie.
C'est la figure principale de son tableau de Sainte-Martine, qu'on voit au musée de Paris, mais avec des accessoires différents. Jolie esquisse.
Hauteur, 0 m. 50 c. sur 0 m. 35 c. de largeur.

PIPPI (Jules-Romain), plus connu sous le nom de Jules-Romain.

Mort en 1546, à 54 ans; fut l'élève chéri de Raphaël et son héritier.

321. — Génie du christianisme.

Sous les traits d'un enfant, Jules a rendu le grand caractère de son idéal. Cette pensée est la suite du Moïse de Michel-Ange, dont il rechercha le grand style après la mort de Raphaël.

Hauteur, 0 m. 65 c. sur 0 m. 50 c.

On lui attribue aussi les deux copies des fresques de Raphaël portées sous les n.os 339 et 340.

PHILATRE. *École française.*

322. — Vue de Pantin, près de Paris (sur bois).

Il est signé Philâtre, 1782.

Largeur, 0 m. 24 c. sur 0 m. 16 c. de hauteur.

PHILIPPE (Angeli), *dit* le Napolitain.

Mort jeune sous le pontificat d'Urbain VIII. Imitateur de Salvator Rosa.

323. — Bataille. Rencontre de cavalerie.
0 m. 43 c. sur 0 m. 27 c. de hauteur.

324. — Autre bataille.
0 m. 43 c. sur 0 m. 27 c. de hauteur.

PIAZZETTA (Giovanni Battista).

Vénitien. Mort en 1754, à 71 ans.

325. — Portrait d'un vieillard à barbe blanche, portant bonnet carré, et disant son chapelet.

Hauteur, 0 m. 38 c. sur 0 m. 33 c. de largeur.

PORDENONE (Jean-Antoine-Licinio Regillo, *dit* le). *École vénitienne.*

Son surnom lui vient du bourg de Pordenone, où il naquit en 1484; sa mort eut lieu à Ferrare en 1540. Il fut élève et ami du Giorgion. Son exécution était légère, et son dessin d'un bon style; ses figures ont beaucoup de relief; il était bon coloriste.

326. — Jésus-Christ porté au tombeau.
Ce tableau est d'un bel effet et d'une couleur excellente.
Hauteur, 1 m. 22 c. sur 0 m. 81 c. de largeur.

POTTER (Paul). *École hollandaise.*

Né à Enkhuyssen en 1625, mort en 1654 à Amsterdam. Fils et élève de Jean Potter. Personne n'a mieux peint les animaux que Paul Potter, ni rendu avec autant de vérité le caractère de stupidité qui est propre à chaque espèce. Il finissait ses tableaux avec un soin extrême, et se plaisait à rendre avec perfection le poil ou la laine de chaque animal. Son seul élève connu est Karel Dujardin.

327. — L'intérieur d'une étable à vaches ; un homme en frappe une sur la croupe. (Sur bois.)
Charmant tableau qui a toutes les qualités du maître.
Largeur, 0 m. 40 c. 5 mill. sur 0 m. 35 c. de hauteur.

POUSSIN (Nicolas). *École française.*

Né à Andely en 1594, mort à Rome en 1663. Son premier maître fut Quintin Varin, peintre à Rouen; puis il étudia à Paris sous Ferdinand Elle, portraitiste flamand, après quoi il se rendit en Italie ; à Rome il prit pour modèle le Dominiquin, de préférence à tout autre. Le Poussin est un artiste sublime, dont le pinceau a ennobli tous les sujets qu'il a traités. Il joignait à une connaissance parfaite de l'histoire une imagination poétique ; tous ses travaux étaient dirigés et éclairés par un jugement solide. On peut le mettre sans crainte au premier rang des artistes de toutes les nations. Guaspre, son beau-frère, est son seul élève connu.

D'après Poussin.

328. — Portrait de Nicolas Poussin, à l'âge de 56 ans.

Copie de celui qu'on voit au musée de Paris, peint par lui-même.

Hauteur, 0 m. 95 c. sur 0 m. 61 c.

329. — Grand paysage. Nymphes dansant ; fond de forêt.

Largeur, 2 m. sur 1 m. 72 c.

Cet ouvrage de sa jeunesse est signé N. P.

330. — Paysage, homme et femme sur le premier plan, avec chèvres ; fabriques dans le fond.

Ce paysage, fait au premier coup, porte un grand caractère, surtout dans les personnages.

Largeur, 0 m. 97 c. sur 0 m. 62 c.

POELEMBOURG (Corneille). *École hollandaise.*

Né à Utrecht en 1586, il y mourut en 1660. Élève d'Abraham Bloëmaert, il se proposa pour modèle Adam Elsheimer. Si l'on excepte le dessin, Poëlembourg posséda toutes les qualités en peinture ; son paysage est naturel, sa couleur légère et ses ciels transparents ; ses sites, pris en Italie, sont bien choisis.

331. — Baigneuses.

Les tableaux de ce maître, peints sur toile, et de cette dimension, sont extrêmement rares. Cet ouvrage est d'ailleurs excellent pour la couleur, d'un dessin satisfaisant et d'une bonne conservation. Il est signé C. P.

Largeur, 1 m. sur 0 m. 76 c. de hauteur.

332. — Vue de ruines à Rome, arc de Titus, etc., personnages.

Hauteur, 0 m. 29 c. 5 mill. sur 0 m. 27 c. de largeur. (Sur bois.)

Donné par M. Bedert, conservateur.

PORBUS (François.)

Né à Bruges en 1570, mort à Paris en 1622. Élève de

son père, François Porbus. Ses portraits sont d'une vérité qui étonne; ils sont pleins d'âme et de vie.

333. — Portrait de Maurice, prince d'Orange, comte de Nassau, etc.

Ce portrait est remarquable par l'exécution la plus soignée et le coloris naturel qui rappelle Van-Dyck.

Hauteur, 1 m. 16 c. sur 0 m. 81 c. de largeur.

PRIMATICE (François). *École lombarde.*

Né à Bologne en 1490, mort à Paris en 1570.

334. — Portrait de Claude de France, première femme de François Ier.

Hauteur, 0 m. 62 c. sur 0 m. 48 c. 5 mill.

PYNAKER (Adam). *École hollandaise.*

Né à Pynaker, près de Delft, en 1621; mort en 1673.

335. — Paysage.

Une bergère à jupon rouge garde des vaches dans un paysage fort simple et peu fourni d'arbres; derrière la femme on aperçoit un homme couché sur l'herbe. Cette scène pastorale, éclairée par un ciel léger accompagné de quelques nuages vaporeux, compose un tableau charmant et frais. La touche en est spirituelle et d'une vérité de ton admirable.

Ce tableau est signé A. P.

Largeur, 0 m. 95 c. sur 0 m. 57 c. de hauteur.

336. — Tableau d'intérieur. Vaches, chèvres, moutons et bergers dans une étable.

Peint en Italie.

Largeur, 0 m. 84 c.; hauteur, 0 m. 58 c.

QUAST, peintre hollandais.

Nous n'avons trouvé aucun renseignement sur ce peintre.

337. — Le borgne, caricature. (Sur bois.)

0 m. 19 c. sur 0 m. 12 c.

RAPHAEL SANZIO.

Naquit à Urbin en 1483, mort à Rome en 1520. Son père lui apprit les éléments du dessin, et le plaça ensuite sous le Pérugin, qui avait alors beaucoup de réputation. Un voyage à Florence lui fit connaître les ouvrages de Léonard de Vinci et de Michel-Ange. C'est à partir de ce moment qu'il commença à se défaire de la roideur et de la sécheresse qu'on remarque dans ses premiers ouvrages, et qu'il tenait de son maître. Aucun peintre ne l'a égalé pour l'étendue du génie, la grandeur de l'expression et la noblesse du dessin. Sa mort précoce (37 ans) ne l'empêcha point de laisser un nombre prodigieux d'ouvrages répandus dans toute l'Europe, et les fresques admirables qu'on voit à Rome, mais principalement au Vatican et au petit Farnèse. Son génie ne se bornait point à la peinture : il était architecte, sculpteur, excellait dans la musique et autres arts d'agrément.

338. — La Vierge et l'Enfant Jésus étendu sur ses genoux et la regardant. (Peint sur bois.) Tableau original.

Ce sujet a été traité nombre de fois par Raphaël : aussi se trouve-t-il répété à Paris, en Angleterre, à Florence ; mais avec des accessoires différents.

Hauteur, 0 m. 84 c. sur 0 m. 66 c. de largeur.

339. — Attila, d'après une fresque peinte au Vatican.

Après avoir passé les Alpes Juliennes, emporté et saccagé Aquilée, Attila, surnommé le fléau de Dieu, marche vers Rome pour s'en emparer. Le pape Saint-Léon se charge d'aller fléchir le conquérant. La majesté du pontife, la renommé de ses vertus, la persuasion de son éloquence, ébranlèrent ce cœur farouche, qui se désista de ses projets, moyennant un tribut annuel. La légende rapporte que, pendant le discours de Saint-Léon, Attila aperçut auprès du saint pontife un vieillard vénérable armé d'une épée, et qui menaçait de le tuer, s'il résistait au pape : qu'effrayé de cette apparition, Attila prit la fuite et s'éloigna de Rome. C'est le sujet traité par Raphaël, qui a donné à Saint-Léon la figure de Léon X.

Largeur, 1 m. 16 c. sur 0 m. 86 c. 5 mill.

340. — Héliodore chassé du temple.
D'après une fresque du Vatican.

Seleucus ayant appris que le temple de Jérusalem renfermait d'immenses richesses non destinées aux sacrifices, chargea Héliodore de s'y rendre pour demander ces trésors. Héliodore se présente au grand prêtre Onias, qui lui dit : Je ne puis disposer de ces richesses, je n'en suis que dépositaire ; elles appartiennent aux veuves et aux orphelins. Alors Héliodore entra dans le temple pour exécuter les ordres du roi ; aussitôt parut un homme à cheval qui renversa Héliodore et le foula aux pieds, deux jeunes hommes le frappèrent de verges jusqu'à ce qu'ils l'eussent chassé du temple. On aperçoit à gauche le pape Jules II porté sur les épaules de ses gardes : c'est un anachronisme fort ordinaire aux peintres de cette époque. Raphaël s'est représenté dans le premier garde qui fait face. Pendant du précédent.

Ces deux copies sont attribuées à Jules Romain.

341. — Sainte Famille.
Excellente copie d'un tableau qu'on voit au Musée Royal.
Hauteur, 0 m. 86 c. 5 mill. sur 0 m. 66 c. de largeur.

342. — La Transfiguration.
Copie du chef-d'œuvre de Raphaël. Ce tableau fut son dernier ouvrage ; la mort l'empêcha même de le terminer. Il devait orner la cathédrale de Narbonne, dont le cardinal Jules de Médicis était archevêque ; sa destination fut changée : on le plaça au maître-autel de Saint-Pierre in Montorio à Rome, d'où il vint à Paris par suite du traité de Tolentino. Après 1815, il fut reporté en Italie ; on le voit au Vatican.

843. — La Sainte Famille, dite de Fontainebleau.
Copie remarquable du tableau que Raphaël fit en 1518 pour François Ier, et qu'on voit maintenant au musée de Paris.
Hauteur, 1 m. 50 c. sur 0 m. 92 c. de largeur.

344. — Portrait du pape Jules II.
Copie de celui qu'on voit au Musée Royal.
Hauteur, 0 m. 66 c. sur 0 m. 50 c. de largeur.

RECCO (Joseph), Napolitain.

Né en 1634, mort en 1695; il excellait à peindre les gibiers, les poissons, etc.

345. — Poissons de la Méditerranée et ustensiles de pêche.
Largeur, 1 m. 43 c. sur 1 m. 24 c. de hauteur.

346. — Poissons, crabes, etc.
Largeur, 0 m. 92 c. sur 0 m. 57 c. de hauteur.

347. — Poissons d'espèces variées.
Hauteur, 0 m. 50 c. sur 0 m. 66 c. de largeur.

REMBRANDT (Paul Rembrandt Van Ryn).
École hollandaise.

Naquit en 1606, près de Leyde, et mourut à Amsterdam en 1674. Élève de plusieurs maîtres peu connus, il se fraya une route nouvelle en peinture. Rien qu'en consultant la nature, il devint grand coloriste, grand peintre, sans s'inquiéter du beau idéal et d'un dessin correct : on peut dire qu'il dut tout à son génie. Les ouvrages de sa jeunesse sont plus terminés que ceux qu'il fit plus tard; une avarice sordide lui fit adopter une manière expéditive. Vanden Eyckhout, Gérard Dow, Ferdinand Bol, Vand Vliedt, furent ses principaux élèves; le dernier l'imita.

348. — Un vieillard s'est endormi en faisant sa lecture; une jeune fille richement vêtue vient le réveiller.
Très-bel effet de nuit, ouvrage admirable.
Hauteur, 0 m. 90 c. sur 0 m. 80 c.

349. — Petit portrait de la femme de Rembrandt, ayant la tête nue.
Hauteur, 0 m. 29 c. sur 0 m. 25 c. de largeur.

350. — Jésus reconnu par deux de ses disciples. (Pèlerin d'Emaüs.)
Ébauche remplie de verve et faite d'inspiration : la figure lumineuse du Christ éclaire la scène d'une manière

vraiment étonnante ; Rembrandt seul peut produire autant d'effet à si peu de frais.

Hauteur 0 m. 66 c. sur 0 m. 73 centimètres de largeur.

351. — Paysage au bord de la mer.

Deux hommes tirent des filets, un groupe entoure un feu où l'on prépare les produits de la pêche. Fond de rochers.

Largeur, 1 m. 33 c. sur 0 m. 73 c. de hauteur.

352. — Autre paysage au bord de la mer.

Deux hommes de guerre causent avec un homme assis sur la plage. A droite, une femme se dirige vers des ruines. Pendant du précédent.

Ces tableaux, en termes d'art, ne sont que des torchades, dont l'auteur a su faire deux chefs-d'œuvre.

353. — École de Rembrandt. Sainte-Madeleine mourante, soutenue par deux anges, tandis que d'autres lui montrent son nom inscrit dans le livre des élus.

Hauteur, 0 m. 81 c. sur 0 m. 62 c. de largeur.

REMONT.
Peintre vivant.

354. — Paysage. Ulysse et Nausicaa.

Ulysse, échappé depuis 20 jours au noir Océan, savourait les charmes d'un profond sommeil. Nausicaa, fille d'Alcinoüs, roi des Phéaciens, accompagnée de ses nymphes, livre ses vêtements au cristal des eaux; ils ont repris leur lustre; on les étend au bord du rivage. Puis Nausicaa se baigne ainsi que ses compagnes, en attendant que le soleil ait bu l'humidité des vêtements. Elles dansent ensuite, chantent, se livrent à des jeux et se préparent à retourner au palais... Leurs cris joyeux réveillent Ulysse... Il se forme une ceinture de feuillage, sort du buisson et s'avance. Il est contraint de paraître dépouillé de vêtements, aux yeux de ces jeunes Phéaciennes. A son aspect, elles fuient, et, dispersées, se cachent sous les bords élevés du rivage. Seule, la fille d'Alcinoüs ne prend point la fuite : Ulysse embrassera-t-il ses genoux, ou, restant à sa place, demandera-t-il quelques vêtements?.. (Odyssée d'Homère).

Ce beau tableau, donné par le gouvernement, faisait partie de l'exposition de 1831. Il est signé Remont, 1830.

Largeur, 2. m. sur 1 m. 71 c. de hauteur.

355. — Paysage représentant le pont de la Crevola, dans le Simplon.

Cet ouvrage, donné par le gouvernement, a été signalé comme un des meilleurs de l'exposition de 1833.

Hauteur, 2 m. 16 c. sur 1 m. 70 c.

ROGER (Eugène).

Artiste contemporain.

356. — Le corps de Charles le Téméraire reconnu le lendemain de la bataille de Nancy.

Hauteur, 3 m.; largeur, 4. m.

ROMANELLI (Jean-François). *École romaine.*

Né à Viterbe en 1617. Mort à Rome en 1662. Élève de Piètre de Cortone, mais dessinant plus correctement que lui, il ne put entièrement se défaire de la grâce maniérée qu'on reproche aux figures de son maître. Son coloris avait la plus grande fraîcheur, sa manière de draper et d'ajuster ses personnages est la même que celle de Piètre de Cortone. Il vint en France du temps de Mazarin, et fit plusieurs grands ouvrages au Louvre et ailleurs.

357. — Sainte Famille, fond de paysage.

Hauteur, 2 m. 50 c. sur 1 m. 38 c. de largeur.

RONCELLI (Joseph), de Bergame.

Mort en 1729, à 52 ans.

358. — Feu de joie sur la place du Peuple, à Rome.

Les figures sont peintes par Célesti.

Largeur, 0 m. 41 c. sur 0 m. 33 c. de hauteur.

ROSA (Salvator). *École napolitaine.*

Né en 1615 à Renella, près de Naples; il reçut les premières leçons de peinture de Paolo Greco, son oncle, puis de Francesco Francazano, son beau-frère, qu'il quitta pour suivre à Rome Joseph Ribera, *dit* l'Espagnolet. C'est là qu'il fit de tels progrès, que la renommée de son talent s'étendit dans toute l'Europe. Il peignait tous les genres et avec une extrême vitesse, mais il préférait les sujets terribles au milieu d'une nature sauvage. Graveur, poëte et musicien, il montra, dans ces différents genres, l'originalité, l'esprit et le feu qui distinguent son génie comme peintre. Il mourut à Rome en 1673 : il a fait plusieurs élèves, et entre autres son fils, Auguste Rosa.

359. — Marine. Vue d'un port au soleil couchant; une tour carrée se voit à droite, sur le devant.

Joli tableau brillant de lumière et frappant de vérité, quoique peint au premier coup.

Ce tableau, pour l'effet, tient à Claude; pour le faire, à Salvator.

Hauteur, 0 m. 46 c. sur 0 m. 62 c. de largeur.

360. — Paysage au soleil levant.

Deux femmes en costume historique se voient au pied d'un arbre. Peinture fine et légère.

Hauteur, 0 m. 62 c. sur 0 m. 33 c. de largeur.

361. — Halte de soldats au milieu de rochers.

Tableau d'un fini précieux et imitant bien Salvator.

363. — Jason endort le Dragon, gardien de la Toison d'Or.

Cet ouvrage pourrait être original de Salvator; mais il a tellement poussé au noir, qu'on y distingue peu de chose.

Hauteur, 0 m. 92 c. sur 0 m. 70 c. de largeur.

363. — Tête de vieillard chauve.

Morceau d'une grande beauté, touché avec hardiesse, bien original.

Hauteur, 0 m. 66 c. sur 0 m. 50 c. de largeur.

ROSA DE TIVOLI (Philippe Rooz, dit). *École allemande.*

Né à Francfort en 1655, mort à Rome en 1705. On ne connaît point celui dont il reçut des leçons dans son pays; mais on sait qu'à Rome, Brandi, qui était son beau-père, lui enseigna son art. Le genre de Rosa fut celui des animaux, qu'il peignait avec une facilité extraordinaire. Sa touche est large et ferme, et son coloris vigoureux.

364. — Bouc, chèvres, moutons gardés par un berger.

On voit un village dans le fond du paysage.
Hauteur, 0 m. 76 c. sur 1 m. de largeur.

365. — Paysage. Un taureau noir.
Largeur, 0 m. 62 c. sur 0 m. 46 c. de hauteur.

366. — Troupeaux de bestiaux dans un paysage sévère.
Largeur, 0 m. 59 c. 5 mill. sur 0 m. 40 c. 5 mill. de hauteur.

ROSELLI (Mathieu) *École florentine.*

Né en 1678, mort en 1771.

367. — Judith tient la tête d'Holopherne, une vieille va la recevoir dans un sac.
Ce tableau est remarquable par la couleur; on le croirait sorti de la main d'un peintre vénitien.
Hauteur, 1 m. 86 c. sur 1 m. 21 c. de largeur.

ROSELLI (Cosimo).

Vivait en 1496. Né à Florence.

368. — La Vierge et l'Enfant Jésus; ils s'embrassent (bois).
Hauteur, 0 m. 50 c. sur 0 m. 38 c. de largeur.

ROUETTE (G.) *École française.*

Nous n'avons rien trouvé sur ce peintre ; mais il a dû

fleurir vers le milieu du siècle dernier, et être élève du fameux Oudri.

369. — Renard tenant un lapin qu'il vient d'éventrer. Un chat sauvage paraît vouloir le lui disputer.

Ce tableau est, dans son genre, de 1.er ordre, et fut longtemps attribué à Sneyders ; mais nous avons découvert qu'il était signé G. Rouette, ce qui donne une grande idée de ce peintre peu connu.

Largeur, 1 m. 16 c. sur 0 m. 81 c. de hauteur.

ROSSO (surnommé MAITRE-ROUX).

Né à Florence en 1496, mort à Fontainebleau en 1541. Il n'eut point de maître, mais suivit naturellement la manière de Michel-Ange et du Parmésan. Son goût n'appartient qu'à lui, ses ouvrages ont quelque chose de bizarre. Il vint en France, où François Ier le nomma surintendant des travaux de Fontainebleau et chanoine de la Sainte-Chapelle. Architecte aussi bien que peintre, il fit bâtir la grande galerie de Fontainebleau, qu'il orna de peintures, de figures et de stuc.

370. — La Vierge, au pied de la Croix, tient le Christ mort sur ses genoux.

Hauteur, 0 m. 89 c. sur 0 m. 62 c. de largeur.

RUGENDAS (GEORGES-PHILIPPE). *École allemande.*

Né à Augsbourg en 1666, mort en 1742. D'abord élève d'Isaac Fisches, il devint peintre de batailles en copiant les tableaux du Bourguignon et de quelques autres. Son goût pour ce genre le fit s'exposer pour voir de près les effets des boulets et des bombes, et toutes les horreurs de la guerre. On le vit faire des dessins soignés au milieu du carnage. Il mérite un rang distingué parmi les peintres de batailles.

371. — Prise d'une ville fortifiée.

372. — Bataille.

Ces deux ouvrages sont dans la manière du Bourguignon.

Tableaux de largeur, 0 m. 73 c. sur 0 m. 38 c. de hauteur.

RUBENS (PIERRE-PAUL). *École flamande.*

On l'a nommé le prince des peintres flamands. Naquit à Cologne en 1577, et mourut à Anvers en 1640. Élève d'Otto Vœnius, grand peintre, qui passait alors pour le Raphaël de l'école flamande. A 23 ans il se rendit à Mantoue, où il copia les grands ouvrages de Jules Romain, et fit aussi plusieurs compositions. Un voyage en Espagne et en Portugal lui fournit l'occasion de montrer ses talents en histoire. Après quoi il revint à Mantoue, se rendit à Rome, à Venise, où les travaux du Titien et du Véronèse l'arrêtèrent; ce fut dans cette école qu'il acquit cette supériorité dans le coloris qu'on lui reconnaît. En quittant Venise, il revint à Rome, passa par Gênes en se rendant à Bruxelles, et enfin se fixa à Anvers. Ce fut en 1620 qu'il dessina à Paris la vie de Marie de Médicis; mais il peignit les tableaux à Anvers. Les autres particularités de sa vie ont plus de rapport à la politique qu'à la peinture. Le nombre de ses élèves fut considérable; contentons-nous de nommer Van-Dyck, Jordaëns, Teniers le père, Van-Mol, Gérard Seyghers et Van-Thulden.

373. — Allégorie de la guerre civile et du fanatisme.

Grande composition habilement disposée; elle est du meilleur temps de Rubens, et dans sa plus belle couleur; c'est un morceau capital.

Hauteur, 3 m. 10 c. sur 2 m. 28 c. de largeur.

374. — Tête d'Hercule (sur bois).

Esquisse hardiment touchée et d'une couleur chaude.
Hauteur, 0 m. 40 c. sur 0 m. 27 c. de largeur.

375. — Portrait de la première femme de Rubens; elle est élégamment vêtue, et la poitrine découverte.

Remarquable par la finesse du pinceau et la vérité de la couleur.

Hauteur 0 m. 62 c. sur 0 m. 42 c.

376. — (Copie.) Philopœmen.

Copie d'un tableau qu'on voyait chez le duc d'Orléans; les animaux étaient peints par Sneyders.

La figure de Philopœmen, chef de la ligue des Achéens, était commune sans être ignoble, et l'extrême simplicité de son extérieur ne la relevait pas. Cette simplicité causa la méprise d'une hôtesse de Megare, qui, attendant le chef des Achéens, et le voyant arriver seul couvert d'un manteau grossier, le pria familièrement de l'aider à préparer le souper de son général. Philopœmen accepta l'invitation, et se mit à fendre du bois. Le mari, dont il était connu, vint à rentrer et lui exprima sa surprise de le trouver ainsi *embesogné; ce n'est rien, répondit Philopœmen, je porte la peine de ma mauvaise mine.*

Hauteur, 2 m. 81 c. sur 2 m. 81 c.

377. — (Copie.) Diane et ses nymphes revenant de la chasse.

Copie d'un tableau qu'on voyait aussi chez le duc d'Orléans.

Hauteur, 2 m. 65 c. sur 2 m. 56 c.

378. — Portrait de Rubens.

Excellente copie de celui qu'on voit dans la galerie de Florence, peint par lui-même.

Hauteur, 0 m. 73 c. sur 0 m. 59 c.

379. — (Copie.) Portrait d'Hélène Formann, deuxième femme de Rubens.

Il l'épousa en 1630; elle était âgée de 16 ans.

D'après son portrait peint par Rubens, qu'on voit dans la galerie de Munich.

Hauteur, 0 m. 43 c. sur 0 m. 35 c.

380. — Deux Chérubins (attribués).

Largeur, 0 m. 29 c.; hauteur, 0 m. 23 c. 6 mill.

381. — Différentes études de figures (sur bois). Original.

Largeur, 0 m. 38 c. sur 0 m. 21 c. de hauteur.

382. — Sainte Famille aux anges.

Tableau gravé.

Ce tableau a été peint par Rubens, à l'époque de sa vie où il imitait son élève Van-Dyck.
Largeur, 0 m. 73 c. sur 0 m. 60 c. de hauteur.

383. — Fuite en Égypte.
Ce tableau est signé: P.-P. R., *Pierre-Paul Rubens*.
Le paysage est d'une autre main.
Hauteur, 0 m. 41 c. sur 0 m. 30 c.

RUYSDAEL (Jacques).

Né à Harlem en 1540, mort à Amsterdam en 1681.

384. — Paysage sur le bord d'un marais; des oiseaux aquatiques se baignent.
Largeur, 0 m. 43 c. sur 0 m. 35 c.

RYCKAERT (David) le fils. *École flamande.*

Né à Anvers en 1615; on ignore l'époque de sa mort. Il fut élève de son père, David Ryckaert, peintre habile. La vue des tableaux de Brawer et d'Ostade lui fit quitter le paysage pour peindre des intérieurs de cuisine, des tabagies, etc., auxquelles il réussit fort bien. Mauvais dessinateur, il n'a jamais su bien faire les mains, que le plus souvent il cache ; ses figures ont de l'expression, sa couleur est chaude.

385. — Intérieur d'une cuisine.
Un cuisinier se dispose à dépecer un mouton déjà dépouillé; autres animaux; ustensiles.
Ce tableau a souvent été attribué à un peintre vénitien.
Largeur, 1 m. sur 0 m. 73 c. de hauteur.

386. — Autre intérieur de cuisine.
Largeur, 0 m. 62 c. sur 0 m. 46 c. de hauteur.

387. — Intérieur d'une tabagie.
Hauteur, 0 m. 81 c. sur 0 m. 66 c. de largeur.

RICCI (Marco).

Mort en 1729, âgé de 50 ans.

388. — Paysage.

Sur le devant du tableau, deux figures, un pêcheur à la ligne ; sur le deuxième plan, deux grands arbres, cascade, et un beau ciel avec nuages d'une grande beauté.

Hauteur, 0 m. 50 c.; largeur, 0 m. 72 c.

SABLET (Jacques, surnommé le Peintre du Soleil).

Né à Morges, en Suisse; mort à Paris vers l'an 1810, âgé environ de 60 ans.

389. — Vieillard assis et lisant.

Figure pleine de naturel et de vérité.

Hauteur, 0 m. 60 c. sur 0 m. 50 c. de hauteur.

390. — Laveuses italiennes (sur bois).

Largeur, 0 m. 33 c. sur 0 m. 25 c. de hauteur.

391. — Vendanges en Italie.

Largeur, 0 m. 62 c. sur 0 m. 46 c. de hauteur.

392. — Le 18 brumaire à Saint-Cloud. Scène à la lumière.

Tableau historique.

La scène se passe au moment où Lucien Bonaparte, président, déclare que le gouvernement est changé, et que trois consuls, Bonaparte, Sieyes et Roger Ducos, sont chefs de la république. On les remarque, assis dans le même ordre, en face du président ; les deux généraux qu'on voit auprès des consuls, peuvent être Murat et Leclerc.

Largeur, 0 m. 66 c. sur 0 m. 46 c. de hauteur.

393. — Portrait de Cacault, sénateur chargé de France près du Saint-Siége et de Florence.

Sa collection a fait le fonds du musée de Nantes.

SABLET (François), frère aîné du précédent.

Mort à Nantes en 1817.

394. — Entrée de la Savoie.

395. — Vue prise en Italie.

396. — Vue de Tivoli et de la campagne de Rome. Le 1.er plan à gauche offre la voie Appienne.
Donné par M.me de la Vauguyon, sœur de l'auteur.
Largeur, 1 m. 50 c. sur 1 m. 16 c. de hauteur.

397. — Vue de la cale de la Machine.
Donné par M.me de la Vauguyon.
Hauteur, 0 m. 00 c.; largeur, 0 m. 00 c.

398. — Portrait de M. Ceneray, architecte, auteur de la Chambre des Comptes de Bretagne, maintenant la Préfecture; des quais Brancas, de l'hôtel d'Aux, etc.
Hauteur, 0 m. 24 c.; largeur, 0 m. 21 c.

399. — Portrait de Cacault, peintre, ancien pensionnaire à Rome.
Hauteur, 0 m. 24 c.; largeur, 0 m. 21 c.

SACCHI (André). *École romaine.*

Né à Rome en 1599, où il est mort en 1661. Élève d'Albano; il retarda la décadence de la peinture en Italie. Excellent dessinateur, ses compositions étaient grandes et nobles; il donnait une expression juste à ses figures, et les drapait avec simplicité : peut-être lui désirerait-on un peu plus de chaleur, surtout dans son coloris. Ses plus fameux élèves sont François Lauri, Carlo Maratti, et autres.

400. — Convoi funèbre d'un Évêque.
Cette esquisse magnifique offre tous les genres de mérite qui caractérisent le talent de Sacchi. (Sur bois.)
Hauteur, 0 m. 38 c. sur 0 m. 73 c. de largeur.

401. — Religieux chassés à coups de hallebarde; une barque s'approche pour les recueillir.
Sujet traité en maître.
Largeur, 1 m. sur 0 m. 70 c. de hauteur.

402. — Saint-Romuald et ses disciples.

Copie du tableau du Musée Royal, regardé comme le chef-d'œuvre de Sacchi.

Hauteur, 1 m. 81 c. sur 1 m. 33 c. de largeur.

403. — Saint-Romuald, les yeux élevés vers le ciel, tient une plume, et est prêt à écrire.

Hauteur, 0 m. 65 c. sur 0 m. 50 c. de largeur.

SALIMBENI VENTURA (BONAVENTURE). *École de Sienne.*

Né en 1557, mort en 1613.

404. — Beau portrait d'un jeune ecclésiastique romain, coiffé d'un bonnet carré.

Hauteur, 0 m. 46 c. sur 0 m. 38 c. de largeur.

SANTERRE (JEAN-BAPTISTE).

Né à Magny, près Pontoise, en 1651 ; mort à Paris en 1717. Elève de Boulogne l'aîné. Il n'a fait que très-peu de tableaux d'histoire, et se bornait, en général, à des portraits et à des sujets de la vie commune.

405. — Cuisinière grattant une carotte, et regardant avec esprit.

Cette figure est un fort bon portrait, remarquable par la vérité de la carnation.

Hauteur, 0 m. 81 c. sur 0 m. 65 c. de largeur.

SARZANA.

Né à Gênes en 1539, mort en 1669.

406. — L'adoration des bergers.

Excellent tableau. L'Enfant Jésus est le foyer de lumière.

Hauteur, 1 m. 46 c. sur 1 m. 14 c. de largeur.

SASSO FERRATO (JEAN-BAPTISTE SALVI, *dit* LE).

Né à Sasso Ferrato en 1605, mort à Rome en 1685.

Élève de son père, Tarquinio Salvi; on ignore à quelle école il s'attacha ensuite. Il a fait peu de grands tableaux, mais beaucoup de petits, et des portraits qu'on estime infiniment.

407. — Portrait de la femme de Sasso Ferrato; elle est vieille, tête nue, vêtue de noir, et disant son chapelet.

Ce portrait est un modèle de vérité pour la couleur et l'expression. La dégradation et la justesse du trait sont si finement rendues, qu'on ne peut se refuser à un sentiment d'admiration qu'un portrait n'inspire guère.

Hauteur, 0 m. 70 c. sur 0 m. 57 c. de largeur.

SCHALKEN (Godefroy). *École hollandaise.*

Né à Dordrech en 1643, il mourut à la Haye en 1706. Par une application continuelle et les avis de Gérard Dow, qui était son maître, il parvint à une grande réputation, par son talent à représenter les effets de lumière, surtout dans les ouvrages de petite proportion. Schalken peignait toujours d'après nature.

408. — Le bon Samaritain.

Le peintre a choisi le moment où, ayant amené l'homme blessé à la porte d'une hôtellerie, le Samaritain le recommande à l'hôtelier, et lui donne deux pièces de monnaie pour payer la dépense de cet homme (sur cuivre).

Cette scène est rendue avec une convenance parfaite, si on en excepte le costume des personnages, qui est un anachronisme. A part cela, l'ouvrage est un petit chef-d'œuvre.

Hauteur, 0 m. 21 c. 5 mill. sur 0 m. 16 c. 5 mill. de largeur.

409. — Une jeune fille, couchée sur son ouvrage, s'est endormie.

Effet de nuit bien rendu, et d'une bonne couleur.

Hauteur, 0 m. 57 c. sur 0 m. 60 c. de largeur.

SCHALL. *École française.*

410. — Allégorie à la liberté.

Colonne et statue de la liberté ; fond de paysage (sur bois).
Hauteur, 0 m. 30 c. sur 0 m. 21 c. 5 mill. de largeur.

411. — Danseuse, époque de Louis XVI.
Hauteur, 0 m. 30 c. sur 0 m. 21 c.

SCHÉDONE (BARTHOLOMEO), appelé généralement aujourd'hui Schidone.

Né à Modène, mort jeune en 1615.

412. — Christ mort, soutenu par des anges. La Vierge pleure.
Largeur, 0 m. 51 c. sur 0 m. 66 c. de hauteur.

SÉBASTIEN DEL PIOMBO, connu aussi sous les noms de Sébastien de Venise, et de frère Sébastien. *École vénitienne.*

Né à Venise en 1485, mort à Rome en 1547. Jean Bellin fut son premier maître ; après, il entra dans l'école de Giorgion. A Rome, il s'attacha à Michel-Ange, qui lui donna souvent des esquisses et l'idée de ses tableaux. On peut dire qu'avec la science du dessin, un bon goût de coloris, il manqua du génie nécessaire pour finir de grandes choses. Son habitude de faire minutieusement ses ouvrages le fit tomber dans la sécheresse. Son goût naturel le portait vers le genre du portrait et des demi-figures ; il y réussissait parfaitement, et on les recherche avec soin. Thomas Laurati fut son seul disciple.

413. — Christ portant sa croix, demi-figure (sur bois).
Tableau admirable de vérité, et qui peut donner une idée juste du talent de Sébastien.
Hauteur, 0 m. 43 c. sur 0 m. 32 c. de largeur.

414. — Portrait d'un jeune homme coiffé d'un bonnet noir.
Morceau d'un beau caractère, et remarquable par la finesse du pinceau. Ce portrait est superbe.
Hauteur, 0 m. 40 c. 5 mill. sur 0 m. 33 c. de largeur.

SÉGHERS (Gérard). *École flamande.*

Né à Anvers en 1592, mort en 1651 dans la même ville. Après avoir étudié dans son pays, il se rendit en Italie, où les ouvrages de Manfredi attirèrent son attention et décidèrent sa vocation pour le genre de ce maître. Il peignait avec un grand succès les effets nocturnes, qu'il savait éclairer avec art pour produire beaucoup d'effet. Il entendait parfaitement la partie du clair-obscur.

Son fils et Jean Miel sont ses élèves.

415. — L'Élévation en croix.

Ouvrage d'un grand caractère, d'un bon dessin et d'une belle couleur.

Hauteur, 4 m.; largeur. 2 m. 60 c.

SIGALON (Xavier).
Né à Uzès en 1790.

416. — Athalie faisant massacrer les princes de la race de David.

Athalie, fille de Jésabel et d'Achab, roi d'Israël; veuve de Joram, roi de Judas; après la mort de leur fils Ochosias, qui avait succédé à ce dernier, se fraya le chemin du trône, en faisant égorger tous les princes de la race royale.

Josabeth, sœur d'Ochosias, et fille de Joram, mais d'une autre mère qu'Athalie, au moment où l'on massacre les princes, trouve le moyen de sauver du milieu des morts, Joas, son neveu, encore à la mamelle (871 ans avant Jésus-Christ). *Rois*, livre IV, chap. XI.

Ce tableau capital, signé Sigalon, 1827, faisait partie de l'exposition de la même année.

Donné en 1833, pendant le ministère de M. Thiers ; M. Cavé, chef de la division des Beaux-Arts.

Largeur, 6 m. sur 4 m. 28 c. de hauteur.

SIRANI (Élisabeth). *École du Guide.*

Née en 1638 ; morte à 26 ans, fille et élève de Sirani (Giovani-Andrea).

417. — Jeune femme coiffée d'un turban.
Elle tient de la main gauche un vase placé sur une table, et, de la droite, elle a l'air de montrer ce qui est dedans.
Hauteur, 0 m. 21 c. 5 mill. sur 0 m. 17 c. 5 mill. de largeur.

SNEYDERS (François). *École flamande.*

Né à Bruxelles en 1579, mort à Bruxelles en 1657. Son premier maître fut Van-Balen ; il commença par peindre des fruits, ensuite des animaux, genre dans lequel personne ne l'a surpassé. Pendant un long séjour en Italie, son émulation fut excitée par les ouvrages de Benedetto Castiglionne. Rubens et Jordaëns ont presque toujours employé son pinceau pour peindre les animaux qu'on voit dans leurs ouvrages. Ses élèves sont Van-Boucle, Bernard Nicasius, et autres.

418. — Chat convoitant du gibier.
La tête du chat est un chef-d'œuvre.
Largeur, 0 m. 43 c. sur 0 m. 34 c. de hauteur.

SNAVE. *École française.*

Vivait dans le siècle dernier.

419. — Marché sur une place publique.
Tableau sur bois.

420. — Autre ; on y vend des fruits.
Tableau sur bois.
Faisant pendant.
Largeur, 0 m. 16 c. 5 mill. sur 0 m. 10 c. de hauteur.

SOLIMENE (François). *École napolitaine.*

Né à Nocéra dé Pagani, près de Naples, il y mourut en 1747. Il eut successivement plusieurs maîtres ; mais il se forma en consultant les ouvrages de Lanfranc et du Calabrois, ceux de Pietre de Cortone et de Lucas Giordano, et enfin ceux du Guide et de Carle Maratte. Il jouit pendant sa vie d'une réputation immense, et ses travaux furent innombrables.

421. — L'Enfant Jésus, assis sur les genoux de sa mère, accueille plusieurs saints qui lui présentent les instruments de leur martyre.
Esquisse pleine de verve.
Hauteur, 1 m. 33 c. sur 1 m. 27 c. de largeur.

422. — Saint-Dominique recevant du pape Honorius III la bulle d'institution de son ordre, en l'an 1216.
Esquisse pleine de sentiment, et sagement composée.
Largeur, 0 m. 51 c. 5 mill. sur 0 m. 49 c. de hauteur.

423. — Apothéose de Jules II.
Petit tableau bien composé et bien exécuté.
Largeur, 0 m. 46 c. sur 0 m. 76 c. de hauteur.

424. — Piscine miraculeuse.
Largeur, 1 m. 50 c. sur 0 m. 70 c. de hauteur.

SODOMA, (le chevalier GIANNANTONIO DE VARCELLIN).

Mort en 1554. Vécut 75 ans.

425. — Saint-Sébastien, en pied. Il est attaché à un arbre.
Hauteur, 2 m. sur 0 m. 92 c.

SPIERINGS (N).

Il a fait plusieurs bons paysages à Paris, par les ordres de Louis XIV.

426. — Paysage dans le genre de Salvator Rosa.
La figure est peinte par Eyckens le père.
Hauteur, 0 m. 66 c. sur 0 m. 51 c. 5 mill. de largeur.

STEEN (JEAN).
Naquit à Leyde en 1636, mort en 1689.

427. — Buveurs à table.
Largeur, 0 m. 65 c. sur 0 m. 40 c. 5 mill. de hauteur.

STELLA (JACQUES). *École française.*

Né à Lyon en 1596, mort à Paris en 1657. On ne connaît point son maître; mais on sait qu'à l'âge de vingt ans il alla en Italie, où il resta jusqu'en 1634; qu'il se fixa en France avec le titre de peintre du roi. Son génie était fécond, son dessin correct, et sa touche vigoureuse ou légère, suivant que le demandait le sujet. Bouzonnet Stella, son neveu, fut son élève, et l'imita.

428. — Assomption.
Un des bons tableaux de ce maître. Signé Jacobus Stella Lugd. 1627 ou 1625.
Hauteur, 3 m. sur 1 m. 66 c. de largeur.

429. — Danse de paysans et de paysannes au son de la cornemuse.
Fond de paysage. (Gravé.)
Largeur, 0 m. 29 c. 7 mill. sur 0 m. 24 c. 3 mill. de hauteur.

STOMEEN (M. D.) *École hollandaise.*

Élève et imitateur de David de Heem; il vivait au commencement du XVII.e siècle.

430. — Déjeuner aux truffes, raisins, citrons, etc. (sur bois).
Largeur, 0 m. 78 c. 8 mill. sur 0 m. 59 c. 4 mill. de hauteur.

431. — Pâté truffé, citrons, noix, vases, serviettes (sur bois).
Signé M. D. de Stomeen, 1614.
Largeur, 0 m. 76 c. 1 mill. sur 0 m. 27 c. de hauteur.

432. — Déjeuner : poulet rôti, citrons dans des plats d'argent, vases de vermeil, verres (sur bois).

Ces bons tableaux, de genre, offrent de jolis détails.
Largeur, 0 m. 65 c. 3 mill. sur 0 m. 56 c. 7 mill. de hauteur.

STROZZI (Bernard), *dit* le Capucin, ou le Prêtre génois. *École de Gênes.*

Né à Gênes en 1581. Mort à Venise en 1644. Après avoir appris son art d'un peintre siennois nommé Pierre Sorri, il se fit capucin. Mais bientôt il sentit le poids de cet engagement, et voulut s'en affranchir. Ne l'ayant obtenu qu'imparfaitement, il s'échappa de Gênes quelques années après, et se réfugia à Venise, où il passa sa vie sous l'habit séculier. Il était ingénieux et fécond, dessinait facilement. Sous le rapport du coloris, ses ouvrages se soutinrent auprès des meilleurs de cette grande école vénitienne.

433. — Paralytique guéri sortant de la piscine, en présence de Jésus-Christ.
Largeur, 0 m. 97 c. 6 mill. sur 1 m. 67 c. 8 mill. de hauteur.

434. — Conversion de Zachée le publicain.
Pendants.
Ces deux ouvrages ont été gravés.

SUBLEYRAS (Pierre). *École française.*

Né à Uzès en 1699, mort à Rome en 1749. Élève de son père et de Rivalz, peintre toulousain; il perfectionna son talent à Rome, après avoir remporté le grand prix. Il peignait l'histoire et le portrait.

435. — Théodose à genoux. Copie de la figure principale de son tableau de Théodose recevant l'absolution de Saint-Ambroise.
(Musée de Paris.)
Hauteur, 0 m. 41 c. 4 mill. sur 0 m. 33 c.

SWANEVELT (Herman), surnommé Herman d'Italie. *École flamande.*

Né en 1620, mort à Rome. Dans son pays, il eut pour

maître Gerard Dow; et en Italie, Claude Lorrain. Il a beaucoup rapproché de ce dernier dans ses ouvrages, seulement on y remarque un ton moins chaud et un effet moins brillant. Il a supérieurement imité la vapeur aérienne et les nuances variées de la lumière.

436. — Paysage. A gauche, trois personnages causent dans un chemin.
Charmant tableau.
Hauteur, 0 m. 48 c. 6 mill. sur 0 m. 32 c. 4 mill. de largeur.

437. — Paysage. Un joueur de vèze et un joueur de galoubet et de tambourin font danser des paysans et des paysannes.
Quelques connaisseurs attribuent ce paysage à Claude Lorrain.
Largeur, 0 m. 65 c. 3 mill. sur 0 m. 48 c. 6 mill. de hauteur.

TASSI.

Imitateur de Claude Gelée, *dit* le Lorrain.

438. — Marine au lever de la lune.
Un homme décharge des instruments de pêche d'une charrette attelée de deux bœufs. Au large, on chauffe un navire (bois).
Largeur, 0 m. 48 c. sur 0 m. 38 c. de hauteur.

TAVELLA (CARLO-ANTONIO). *École génoise.*

Élève de Tempesta, à Milan, et d'un Allemand nommé Gruemboëch et surnommé le *Solfarolo*. On le regarde comme le meilleur paysagiste génois après le *Sestri*.

439. — Paysage. Site d'Italie. Bel effet de soleil masqué par des arbres.
Les figures sont de Magnasco.
Hauteur, 0 m. 50 c. sur 0 m. 74 c.

440. — Paysage dans la campagne de Rome. Troupeaux de vaches, bœufs, moutons ; un homme à cheval ; derrière lui une femme porte un vase sur sa tête.

La vérité de caractère et de mouvement des animaux est admirable. L'effet de lumière, la fermeté de couleur et de touche, tout enfin dans ce beau tableau le fait remarquer des connaisseurs.

Largeur, 0 m. 62 c. sur 0 m. 42 c. de hauteur.

TEMPÊTE (Tempesta Antonio.) *École florentine.*

Né à Florence en 1545, et mort en 1620. Élève de Strada, *dit* le Stradene, peintre flamand, qui travaillait pour le Grand-Duc ; on ne connaît point ses élèves.

441. — Grande chasse au cerf.

On remarque plusieurs cavaliers suivis ou précédés de chiens.

Ce tableau et le suivant ont été gravés.

Largeur, 2 m. 75 c. 8 mill. sur 1 m. 94 c. 8 mill. de hauteur.

442. — Apprêts d'une chasse à l'oiseau.

Un cavalier montant un cheval blanc, et tenant un faucon sur le poing, prend des renseignements d'un paysan.

Largeur, 2 m. 75 c. 8 mill. sur 1 m. 94 c. 8 mill. de hauteur.

Pendant du précédent.

443. — Étude. Cheval blanc au galop.

Hauteur, 1 m. 38 c. sur 1 m. 08 c. de largeur.

(A été gravée.)

TENIERS le père (David). *École flamande.*

Né à Anvers en 1582, et mort dans la même ville en 1649. Élève de Rubens ; il suivit la manière de Brawer, qui convenait à ses goûts. Rubens faisait grand cas de la vérité et de la simplicité de son dessin. Pendant son long séjour à Rome, il demeura 10 ans chez Adam Elsheymer, dont il suivit la manière, sans négliger l'étude des grands maîtres. Il excellait à peindre l'air rustique et la grosse gaieté des paysans. Sa touche est fraîche et légère, l'harmonie de ses tableaux tient quelque chose de l'école de Venise. Ses ouvrages se distinguent de ceux de son fils David, par un coloris plus chaud. Ses fils, David et Abraham, furent ses élèves.

444. — Jeunes bergers jouant aux cartes en gardant des moutons et des vaches.
Excellent tableau.
Largeur, 0 m. 56 c. 7 mill. sur 0 m. 35 c. 4 mill. de hauteur.

445. — Intérieur. Un paysan s'apprête à sortir. Dans le fond, trois personnages se chauffent en fumant.
Hauteur, 0 m. 48 c. 6 mill. sur 0 m. 62 c. 1 mill. de largeur.

TENIERS (Abraham). *École flamande.*

Il était fils de David Teniers le père, et frère du fameux David Teniers. Abraham n'atteignit point au degré de perfection de ceux-ci.

446. — Fumeurs jouant à pair ou non.
Cet ouvrage annoncerait qu'on n'a pas rendu toute la justice qu'on devait au talent d'Abraham. En général, les Flamands peignent avec plus de finesse qu'on n'en voit dans ce tableau; mais ils n'ont point une touche plus franche et plus spirituelle.
Largeur, 0 m. 37 c. 8 mill. sur 0 m. 29 c. 7 mill. de hauteur.

TÉNIERS (David) le jeune. *École flamande.*

Né à Anvers en 1610, mort à Bruxelles en 1694. Il fut élève de son père, David Teniers, dit le Vieux, qu'il surpassa. On distingue ses ouvrages de tous ceux des autres peintres flamands, par son pinceau plus ferme, plus léger, plus spirituel, par une touche large et facile, par sa couleur franche et transparente; enfin, par le ton argenté de ses lumières. Le nombre de ses tableaux est prodigieux. Beaucoup d'élèves sortirent de son école; fort peu sont connus en France.

447. — Sainte-Thérèse en prière devant un autel.

La scène est dans une caverne de rochers.

Ce tableau est précieux par sa finesse, sa couleur harmonieuse et son ton argenté. Le choix du sujet ajoute aussi à son mérite. Teniers traitait plus souvent des sujets populaires.

Largeur, 0 m. 35 c. 1 mill. sur 0 m. 24 c. 3 mill. de hauteur.

448. — Vieillard caressant sa servante, et surpris par sa femme.

Ouvrage du 1.er ordre dans son genre.

Largeur, 0 m. 45 c. sur 0 m. 38 c. de hauteur.

449. — Paysage.

Une route sur le 1.er plan : on y voit piétons et cavaliers; à gauche, un homme satisfait un besoin. Le paysage paraît seulement retouché par Teniers, mais il a peint les figures (sur bois).

C'est un ouvrage assez faible de sa jeunesse.

Hauteur, 0 m. 49 c. 7 mill. sur 0 m. 71 c. 6 mill. de largeur.

450. — Vieillard en méditation devant un Christ et une tête de mort.

Donné par M. Salomon Poirier.

Signé Teniers.

Hauteur, 0 m. 25 c. sur 0 m. 18 c.

451. — Saint-François en extase et soutenu par deux anges.

Pastiche de Teniers, manière de Rubens.

Hauteur, 0 m. 50 c. sur 0 m. 43 c.

TIBALDI (Pelegrino). *École lombarde.*

Né à Milan en 1522, où il mourut en 1592. Voyagea et travailla beaucoup en Espagne et en Angleterre.

452. — Portrait d'Élisabeth, reine d'Angleterre. Elle est coiffée en cheveux et d'œillets rouges. Large fraise et chaîne d'or au cou; elle y passe l'index de la main droite.
Largeur, 0 m. 51 c. 5 mill.; hauteur, 0 m. 67 c. 5 mill.

TILBORG (Gilles).

Né à Bruxelles en 1625. Imitateur de la manière de Brawer et Teniers.

453. — Corps de garde flamand.
Hauteur, 0 m. 58 c. sur 0 m. 69 c.

TINTORET (Jacques Robusti, *dit* le). *École vénitienne.*

Naquit à Venise en 1512, où il mourut en 1594. Fut disciple du Titien et eut pour élèves Palme le jeune, Martin de Vos, Rothenhamer et autres. Il peignait au premier coup; aussi son dessin passe-t-il pour incorrect. La fécondité de son génie, la justesse de son coloris, le placent au premier rang des peintres vénitiens.

454. — Dédicace du temple de Jérusalem.
Salomon, roi d'Israël, après avoir fait bâtir le temple, rassemble son peuple, dédie le temple au Seigneur, et y transporte l'arche d'alliance.
Ce tableau et les suivants, traités en esquisse, n'en sont pas moins précieux.
Hauteur, 1 m.; largeur, 0 m. 761 mill.

455. — Lapidation de Saint-Étienne, 1.er martyr; un Ange lui apporte la palme.
Hauteur, 1 m. 138 mill.; largeur, 0 m. 923 mill.

456. — Simon le magicien.
Simon s'étant vanté de s'élever dans les airs, voulant par là détruire l'effet des miracles des apôtres, tombe du haut d'un portique et se casse une cuisse. On voit

Saint Pierre à genoux et priant Dieu d'empêcher la réussite de Simon.
Hauteur, 0 m. 540 mill. sur 0 m. 405 mill.
École du Tintoret.

456. — Présentation au temple.
Esquisse.
Hauteur, 0 m. 621 mill. sur 0 m. 486 mill.

457. — Décollation de Saint-Janvier.
On amène plusieurs autres chrétiens ; Sainte-Pudantienne recueille leur sang. La scène se passe à la Solefatare, près de Naples. Cet ouvrage est, sous plusieurs rapports, d'un grand intérêt.
Largeur, 0 m. 815 m. sur 0 mill. 594 mill.

558. — Assemblage d'études de têtes d'hommes, parmi lesquelles on croit reconnaître la tête de Titien.
Largeur, 1 m. 138 mill. sur 0 m. 707 mill.

459. — Portrait de Paolo Sarpi, connu sous le nom de Fra Paolo.
Ce portrait, largement touché, est d'une belle couleur.
Fra Paolo, vénitien, religieux servite, soutint par divers écrits la cause de la république de Venise contre l'interdit du pape Paul V. Son principal ouvrage est une histoire du Concile de Trente. Ce savant religieux, dont l'érudition était immense, fit preuve de l'énergie qu'on ne trouve que chez les grands hommes.
Hauteur, 0 m. 594 mill. sur 0 m. 540 mill.

460. — Jésus guérissant les aveugles de Jérico.
Beau tableau digne de Titien, son maître : un des plus précieux du Musée.
Largeur, 1 m. 51 c. sur 1 m. 27 c.

461. — Exécution de martyrs dans la Solefatare.
École de Tintoret.
Largeur, 0 m. 82 c. sur 0 m. 52 c.

TITIEN VICELLI. *École vénitienne.*

Né à Cadore, dans le Frioul, en 1477 ; mort à Venise

pendant la peste de 1576. Élève des Bellin et de Georgion, sa réputation commença par son habileté à faire des portraits, et principalement ceux des femmes, auxquels il réussissait mieux. Il a bien peint tous les genres, et, dans tous, sa couleur était inimitable et semblait réfléchir la lumière. Il était bon dessinateur, sans cesser d'être gracieux. Sa première manière de peindre est plus finie; la seconde, plus expéditive, ne produit son effet que de loin. L'Europe est remplie de ses chefs-d'œuvre. Le nombre de ses élèves fut immense : nommons seulement son fils Horace, le Bordonne, le Tintoret, Palme le Vieux, Sébastien del Piombo et Lambert Zustris.

462. — Caïn après son crime.
Demi-figure de la plus belle couleur.
Hauteur, 0 m. 923 mill. sur 0 m. 734 mill.

463. — Belle femme parlant à sa servante, et lui montrant du doigt une fiole.
Largeur, 0 m. 108 mill.; hauteur, 0 m. 81 mill.

464. — Un amant tient la main de sa maîtresse.
École du Titien.
Largeur, 0 m. 976 mill.; hauteur, 0 m. 869 mill.

465. — Saint-Jérôme dans le désert. Le Saint est à genoux, les yeux fixés sur un crucifix; il se frappe la poitrine avec un caillou.
Très-bel ouvrage de sa première manière.
Hauteur, 0 m. 788 mill. sur 0 m. 653 mill.

TRISTAN (Louis).
Né aux environs de Tolède.

466. — Saint-Jérôme repentant. Il a les yeux fixés sur un Christ.
Pour dire que Saint-Jérôme fut une des lumières du christianisme, l'auteur fait sortir la lumière de la tête du Saint : ce sont des idées mystiques qui tiennent à l'école espagnole.
Hauteur, 1 m. 27 c. sur 1 m.

TOURNIÈRES (Robert). *École française.*

Caen le vit naître en 1676, et mourir en 1752. Élève de Bon-Boulogne, il s'efforça d'imiter le fini précieux des peintres flamands, sans y réussir parfaitement.

467. — Louis XIV, Louis XV enfant, Voltaire, Fénélon, princes de Conti, de Condé, etc.; Mme de Maintenon. L'auteur a voulu faire en un seul tableau une suite de portraits se rapportant à plusieurs époques.
On aperçoit un château dans le fond du paysage.
Hauteur, 0 m. 230 mill.; largeur, 0 m. 216 mill.

468. — Portraits de famille dans un riche salon, au temps de Louis XIV. Fond de paysage.
Hauteur, 0 m. 976 mill. sur 0 m. 619 mill.

469. — Portraits de famille.
Pendant du précédent.
Ces trois tableaux offrent des détails d'un fini précieux et d'un coloris très-flatteur. Ces trois tableaux sont signés.

470. — Portrait d'une dame. Draperie bleue. Grandeur nature.
Ce tableau n'est pas signé; mais ressemble à d'autres portraits que j'ai vus, et attribués à Tournières.
Hauteur, 0 m. 90 c. sur 0 m. 66 c.

TREVISANI (Francesco). *École vénitienne.*

Né à Trevigi en 1656, mort en 1746. Élève d'Antonio Zanchi.

471. — Saint-François-de-Paule passant la mer sur son manteau, avec ses compagnons, sous la conduite d'un Ange.
Hauteur, 0 m. 70 c. sur 0 m. 49 c.

VAN-OSTADE (Isaac). *École allemande.*

Né à Lubeck. Élève de son frère Adrien. Il mourut jeune.

472. — Voyageurs à cheval et autres personnages devant un cabaret de village; enfants, poulets.

Largeur, 0 m. 432 mill. sur 0 m. 324 mill.

VALENTIN (Moïse). *École française.*

Né à Coulommiers, dans la Brie, vers 1600, et mort à Rome en 1632. Élève de Simon Vouet et du Caravage, dont il imita la manière. Sa couleur est belle, son dessin peu correct; mais la lumière, disposée avec intelligence dans ses tableaux, produit le plus grand effet.

473. — Souper des pèlerins d'Emmaüs.

Tableau capital de ce maître, et un des plus remarquables de la collection.

Hauteur, 1 m. 948 mill. sur 1 m. 462 mill.

VANBLOEMEN (Pierre). *École flamande.*

Frère de Jean, surnommé Orrizzonti. Il naquit à Anvers, et probablement y mourut; les époques sont ignorées. Après avoir séjourné en Italie, il revint dans sa ville natale, où il fut directeur de l'Académie de peinture, en 1699. Ses ouvrages sont ingénieusement composés; ses idées étaient fécondes, et son dessin correct. Son genre était celui de Wouwermans; quoiqu'il ne l'ait point égalé, on peut dire cependant qu'il ne cède en mérite qu'à lui.

474. — Maréchal ferrant.

Chevaux et cavaliers près d'une porte de ville. Signé PVB. 1711.

Largeur, 0 m. 459 mill. sur 0 m. 331 mill.

475. — Cavaliers arrêtés près d'une cantine.

L'un sonne de la trompette, l'autre boit et caresse la cantinière. Signé PVB. 1709. Pendant.

VAN ARTOIS.

Né à Bruxelles en 1613, fut élève de Wildens.

476. — Diane poursuivant un cerf.
Largeur, 0 m. 734 mill. sur 0 m. 459 mill.

VAN DE LUYN. *École flamande.*

477. — Soldats assis, et se reposant près d'une arcade.
Hauteur, 0 m. 50 c. sur 0 m. 40 c.

VANDERMULEN (Antoine-François). *École flamande.*

Né à Bruxelles en 1634, mort à Paris en 1690. Pierre Snayers, peintre de batailles très-renommé, fut son maître. Colbert le fit venir en France et le logea aux Gobelins. Chargé de peindre les campagnes de Louis XIV, il le suivit dans toutes ses conquêtes. On remarque dans tous les tableaux de ce maître une grande fidélité de costumes et une ressemblance parfaite dans les figures principales; il dessinait bien, surtout les chevaux; son paysage est frais, sa touche spirituelle, et son coloris moins vigoureux que suave, et plein d'harmonie. Martin l'aîné et Martin jeune, Beaudouin, Le Comte, furent ses principaux élèves.

478. — Investissement de Luxembourg.
C'est le petit tableau de celui qu'on voit au musée de Paris.
Largeur, 1 m. 516 mill. sur 1 m. 192 mill.

479. — Chasse au taureau dans la forêt de Fontainebleau.
Largeur, 0 m. 707 mill. sur 0 m. 896 mill.

480. — Paysage. Cavaliers et piétons dans un chemin accidenté.
Hauteur, 0 m. 48 c. sur 0 m. 35 c.

VAN-DYCK (Antoine). *École flamande.*

Né à Anvers en 1599; reçut les premières leçons de Van-Balen, puis entra dans l'école de Rubens, à 20 ans; il partit pour l'Italie. Son goût pour les ouvrages du Titien et du Veronèse le retint longtemps à Venise, d'où il se rendit à Gênes, à Rome, revint à Gênes, et l'amour du pays le ramena en Flandre. Bientôt sa réputation égala son talent, et le surnom du Prince de la Peinture, qui lui fut donné, principalement pour le portrait, confirma la supériorité de ses ouvrages. Il mourut à Londres en 1641. Il avait voyagé en France. Il fit quelques élèves, parmi lesquels on compte le Benedette, Haneman de la Haye, Fouchier de Berg-op-Zoom. De son école :

482. — Portrait d'un homme portant une barbe rousse.

On croit que c'est celui du peintre Rombouts. Ce portrait est dans sa manière d'Italie.
Hauteur, 0 m. 89 c. sur 0 m. 785 mill.

483. — Saint-Sébastien percé de flèches ; des soldats le regardent avec intérêt.

La finesse de la touche, la transparence des teintes, l'expression du personnage principal, placent ce tableau dans un rang distingué. (Peint sur bois.)
Hauteur, 1 m. 111 mill. sur 0 m. 761 mill.

484. — Le Christ en croix; la Madeleine baise les pieds du Sauveur.

Esquisse sur bois.
Hauteur, 0 m. 444 mill. ; largeur, 0 m. 36 c.

485. — Vision de Sainte-Thérèse ; elle est dans les cieux et embrasse les pieds du Christ sur la croix, qui détache une de ses mains pour accueillir la Sainte.

Croquis sur toile.
Hauteur, 0 m. 48 c. sur 0 m. 36 c.

VAN-GOYEN (Jean).

Naquit à Leyden en 1596, fut élève de différents maîtres, et eut pour dernier Vanden-Velde. Il règne partout dans ses ouvrages une touche facile et expéditive. La couleur en est grise, ce qui tient au bleu d'Harlem qu'il employait, et qui s'est évaporé.

486. — Paysage. Tonte de moutons. Le maître donne ses ordres.

Scène patriarcale bien rendue et d'une bonne couleur. Les figures et les animaux sont bien faits.

Hauteur, 0 m. 486 mill. sur 0 m. 869 mill.

VAN-EYCK.

Élève de son père. Il naquit dans la petite ville de Maascyk en 1370. Il est mort fort âgé à Bruges. C'est à lui que nous devons la peinture à l'huile.

487. — On croit que le sujet de ce petit tableau est Philippe le Bon, duc de Bourgogne, comte de Flandres, qui consulte une diseuse de bonne aventure.

Hauteur, 0 m. 216 mill. sur 0 m. 297 mill.

(Quelques tableaux de Holbein ressemblent à cet ouvrage pour le faire.)

VAN-HUYSUM (Jean). *École hollandaise.*

Né à Amsterdam en 1682. Élève de son père (Juste), peintre médiocre. Il suivit le goût de Nicolas Piémont pour le paysage, qu'il peignit bien; mais il ne dut qu'à l'imitation de la nature son talent prodigieux pour peindre les fleurs. En ce genre, personne ne l'a surpassé.

488. — Paysage au bord d'un lac.

Largeur, 0 m. 555 mill. sur 0 m. 414 mill.

VANLOO (Louis-Michel).

Né à Toulon en 1707, mort à Paris en 1771; fils et élève de Jean-Baptiste Vanloo.

On le connaît sous le nom de Vanloo d'Espagne, parce qu'il fut peintre de Philippe V.

489. — Portrait d'un homme d'épée, cuirassé et décoré de l'ordre de Saint-André de Russie.

Hauteur, 0 m. 896 mill. sur 0 m. 707 mill.

VAN-THIELEN (Jean-Philippe). *École flamande.*

Né à Malines en 1618, où il mourut en 1667. Élève et ami de Daniel Seghers, bon peintre de fleurs, il partagea ses succès en ce genre. Les figures qu'il introduisit quelquefois dans ses tableaux, ont été peintes par Corneille Poelemburg.

490. — Médaillon formé de fleurs variées.

On voit au centre l'amour tenant son arc et regardant une flèche.

Hauteur, 0 m. 283 mill.; largeur, 0 m. 243 mill.

VASARI (Giorgio), surnommé le Jeune.

Né à Arezzo, en Toscane, en 1510. Il reçut les premiers éléments de son art de Guillaume de Marseille, peintre sur verre, puis se perfectionna dans les écoles d'André del Sarto et de Michel-Ange. Le nombre de ses ouvrages dans toute l'Italie fut immense. Sa réputation est supérieure à son talent ; son dessin est souvent incorrect, et son coloris laisse trop à désirer. Il était architecte et bon écrivain. Son ouvrage sur les peintres d'Italie est classique.

491. — La femme adultère amenée devant Jésus par des soldats. Notre-Seigneur se baisse pour écrire : *Que celui de vous qui est sans péché, lui jette la première pierre.*

Cet ouvrage a le grand caractère de l'école de Florence.

Hauteur, 1 m. 278 mill. sur 0 m. 92 c.

VELASQUEZ (Don Diego Rodriguez de Silvay). *École espagnole.*

Né à Séville en 1599, mort en 1660.

Il fut élève de Herrera (Francisco) et de Francisco Pacheco, fit plusieurs voyages en Italie, et a été le premier peintre des rois d'Espagne de son temps.

492. — Portrait en pied d'une jeune fille tenant des fleurs et coiffée d'une plume blanche.
Largeur, 3 m. 28 c. sur 1 m. 47 c.

493. — Scène populaire au coin d'une rue.
Sur cuivre argenté.
Hauteur, 163 mill. sur 122 mill.

494. — Portrait d'une vieille dame tenant un livre à fermoirs.
Attribué à Velasquez.
Hauteur, 70 c. sur 49 c.

495. — Portrait d'une dame en noir, ayant un collier de perles.
Original.
Hauteur, 0 m. 66 c.; largeur, 0 m. 57 c.

496. — Portrait d'un jeune prince; cheveux blonds, habit blanc.
Hauteur, 0 m. 50 c. sur 0 m. 40 c.

497. — Son portrait à l'état d'ébauche.
Hauteur, 0 m. 40 c. sur 0 m. 33 c.

OTTO VOENIUS (Octave Van Veen). *École hollandaise.*

Né à Leyde en 1556, mort à Bruxelles en 1634. Il fut élève de Jean de Winhen, continua ses études à Liége, et se rendit à Rome, à l'âge de 18 ans. Sept ans passés en Italie perfectionnèrent son talent et le firent connaître; après quoi il se rendit en Allemagne, où les principaux souverains l'employèrent. Enfin, il s'établit à Bruxelles. Ce peintre donnait de la grâce à ses têtes, son dessin était correct, principalement dans les extrémités; ses figures ont de l'expression. Ses ouvrages sont d'un fini précieux et d'une couleur flatteuse.

498. — Sainte Famille.

L'Enfant Jésus, étendu sur les genoux de la Vierge, caresse Saint-Joseph.

Ce beau tableau représente une scène charmante, pleine de sentiment. L'exécution en est soignée et d'un fini remarquable. (Était autrefois à Munich.)

Hauteur, 0 m. 97 c. 6 mill. sur 0 m. 78 c. 8 mill. de largeur.

De son école :

499. — La Vierge tenant l'Enfant Jésus debout. (Sur bois.)

Hauteur, 0 m. 97 c. 6 mill. sur 0 m. 73 cent. 4 mill. de largeur.

VERNET (JOSEPH). *École française.*

Né à Avignon en 1712, mort à Paris en 1786. Il fut élève d'Adrien Manglard, de Lyon, excellent peintre de marine. Un long séjour en Italie développa son génie pittoresque. Le beau ciel de ce pays favorisé, l'aspect des bords de la Méditerranée, l'exemple des grands maîtres, et une étude assidue de la nature, contribuèrent à former un peintre du premier ordre dans son genre. Le chevalier Volaire fut son élève.

500. — Marine vue entre deux rochers.

Ce tableau a été peint en Italie, lorsque Vernet cherchait à imiter Salvator Rosa.

Largeur, 0 m. 97 c. 6 mill. sur 0 m. 76 c. 1 mill. de hauteur.

501. — Marine; coup de vent.

Plusieurs embarcations viennent se briser contre un rocher.

Hauteur, 0 m. 70 c. 7 mill. sur 0 m. 95 c. de largeur.

Dans sa manière :

502. — Vue d'un port de la Méditerranée; soleil couchant.

Largeur, 0 m. 97 c. 6 mill. sur 0 m. 73 c. 4 mill. de hauteur.

503. — Vue d'un port de la Méditerranée ; seleil levant.

Hauteur, 0 m. 78 c. 6 mill. sur 0 m. 62 c. 1 mill. de largeur.

504. — Petite marine. On carène une galère.

Esquisse dans le genre de Salvator.

Largeur, 0 m. 40 c. 5 mill. sur 0 m. 32 c. 4 mill. de hauteur.

PAUL VÉRONÈSE (Paul Cagliari de Vérone).
École vénitienne.

Né à Vérone en 1532, et mort à Venise en 1588. Élève de son oncle Badlie, peintre de Vérone, qui avait beaucoup de réputation. Un séjour à Rome, qui lui permit de voir les statues antiques et les ouvrages de Raphaël, acheva de le former. Ce peintre est célèbre par la beauté de son coloris, par la majesté de ses compositions et le choix de ses sujets. Comme il était habile en architecture, les fonds de ses tableaux en sont généralement ornés, ce qui leur donne un caractère de grandeur et de pompe qu'aucun peintre n'a égalé.

505. — Portrait de femme ayant une fraise; son justaucorps est de velours brodé d'or.

Ce beau portrait offre toutes les richesses de la palette.

Hauteur, 0 m. 54 c. sur 0 m. 38 c.

506. — Général rendant compte d'une mission à son souverain.

Esquisse d'une belle ordonnance, et finement peinte.
Largeur, 0 m. 37 c. 7 mill. sur 0 m. 27 c. (Gravé.)

507. — Mercure frappant Aglaure de son caducée.

Bel ouvrage.

Hersé, fille de Cecrops, revenant un jour du temple de Minerve, attira les regards de Mercure, qui vint la demander en mariage. Aglaure, sœur d'Hersé, jalouse de cette préférence, troubla les amours du dieu, qui la frappa de son caducée et la changea en pierre.

Hauteur, 1 m. 30 c. sur 0 m. 92 c.

508. — Noces de Cana.

Exactement la répétition du tableau du Musée Royal, lequel avait été fait pour le réfectoire de Saint-Georges, majeur du palais Saint-Marc, à Venise. Transporté en France après la conquête de l'Italie, il y serait retourné en 1815, si son état de dégradation eût pu supporter le déplacement.

Notre tableau est donc doublement précieux, puisqu'on peut le considérer comme une répétition faite par l'auteur lui-même, ou au moins faite dans son atelier et retouchée par lui. Le caractère original se montre partout dans ce bel ouvrage.

Dans cette vaste composition, qui fourmille d'anachronismes, l'habile peintre s'est plu à rappeler les traits des principaux personnages de son temps et de ses amis. Nous en citerons quelques-uns, conservés par la tradition.

Le premier, en commençant par la droite du tableau, est don Alphonse d'Avalos, marquis du Guaste. L'épousée, derrière laquelle on aperçoit un fou, est Éléonore d'Autriche, sœur de Charles V et femme de François I.er, qu'on voit lui-même auprès d'elle, bizarrement vêtu. Après lui, Marie, reine d'Angleterre. Celle qui se nettoie les dents, Vittoria Colonne, femme du marquis de Pescaire. Soliman II, empereur des Turcs, s'aperçoit après le nègre qui parle à un serviteur ; le personnage un peu plus loin, et vu de profil, est Charles V ; il porte l'ordre de la Toison d'Or. Vers le centre, et sur le devant du tableau, on voit, parmi les musiciens, les peintres vénitiens les plus renommés de son temps : il s'est peint lui-même en habit blanc, jouant du violoncelle ; le Tintoret est derrière lui. De l'autre côté, on reconnaît Le Titien, jouant de la basse ; et Benoit Cagliari, frère de Paul Véronèse, debout et vêtu magnifiquement, tient une coupe remplie de vin.

Hauteur, 1 m. 57 c. sur 2 m. 11 c. de largeur.

509. — Mercure, Hersé et Aglaure.

L'original de ce tableau servait de dessus de porte au Palais-Royal, chez le duc d'Orléans.

Largeur, 1 m. 62 c. 4 mill. sur 2 m. 59 c. 6 mill. de hauteur.

510. — Le Refus.

Copie du tableau qu'on voyait au Palais-Royal, chez le duc d'Orléans.

511. — Le Dégoût.
Autre copie d'un tableau qu'on voyait au même palais.

512. — Esquisse d'une partie du tableau du repas chez Lévi, qu'on voit au Musée Royal.
Copie.
Hauteur, 0 m. 70 c. sur 0 m. 60 c. de largeur.

513. — Saint-Étienne levant ses mains jointes vers le ciel.
Esquisse de l'école de Paul Véronèse.
Hauteur, 0 m. 72 c. sur 0 m. 49 c. de largeur.

VÉRONÈSE (ALESSANDRO TURCHI, dit).

Né en 1580; mort en 1650 à Rome, où il travaillait.

514. — Mariage de Sainte-Catherine.
Largeur, 0 m. 49 c. sur 0 m. 24 c. 5 mill. de hauteur.

VIGNON le père (CLAUDE). *École française.*

Né à Tours en 1593, mort en 1670. Professeur à Paris.
Bon peintre d'histoire et bon coloriste. Il semblait prendre pour modèle l'école vénitienne, il faisait vite et bien.

515. — Jésus lavant les pieds de ses disciples.
Bon ouvrage, composé dans la manière vénitienne. Il finissait quelquefois davantage que ne l'est celui-ci.
Signé C. Vignon. 1633.
Largeur, 1 m. 16 c. 2 mill. sur 0 m. 87 c. de hauteur.

VISO (A.-S.). Vivait dans le XVII.e siècle.

516. — La Vierge et l'Enfant Jésus.
Elle tient le pied gauche de son fils.
Signé A.-S. Viso. 1690.
Hauteur, 0 m. 65 c. 3 mill. sur 0 m. 49 c. de largeur.

VIVIANI (Ottavio). *École romaine.*

Il vivait vers la fin du XVII.e siècle. On le cite pour son savoir en perspective et son goût pour rendre avec vérité les monuments d'architecture.

517. — Palais et ruines antiques.
Personnages analogues.
A le mérite du genre.
Largeur, 0 m. 36 c. sur 0 m. 278 mill. de hauteur.

VOLAIRE (Le Chevalier). *École française.*
Élève du fameux Joseph Vernet.

518. — Éruption du Vésuve. Vue de Portici.
Composition vaste et bien entendue. La description de ce bel ouvrage demanderait presque un volume. Cette scène effrayante est représentée fidèlement. Le site du pays, le costume des habitants et leur terreur, leur dévotion à Saint-Janvier, tout est rendu avec vérité.
Signé le chevalier Volaire.
Largeur, 2 m. 27 c. 2 mill. sur 1 m. 30 c. de hauteur.

VOLTERRE (Ricciareli, *dit* Daniel de).

Né en 1566. Il fut élève de Michel-Ange, qui l'aima beaucoup, et lui laissa ses cartons.

519. — Ecce Homo. (Chef-d'œuvre.)
Sur bois et octogone.
Hauteur, 0 m. 38 c. sur 0 m. 32 c. 4 mill. de largeur.

VOS (Martin de). *École flamande.*

Né à Anvers en 1519, mort en 1564. Travailla d'abord sous Franc Floris, dont il imita la manière, que bientôt il abandonna pour étudier l'école vénitienne.

520. — Noces du fils de Tobie. Peint sur bois.
Ce tableau, dont la gravure existe, est dans sa première manière ; la couleur en est fine et harmonieuse.
Largeur, 1 m. 03 c. sur 0 m. 57 c. de hauteur.

521. — Pan et Syrinx.
Copie d'un tableau qu'on voyait autrefois au Palais-Royal.
Martin de Vos l'avait peint à son retour d'Italie.
Largeur, 3 m. 24 c. 4 mill. sur 2 m. 27 c. 2 mill. de hauteur.

VOS (Simon de).

Né à Anvers en 1603. Sa mort est inconnue, ainsi que son maître et ses élèves.

522. — Portraits d'une famille (les hommes).
Peint sur bois.
Hauteur, 1 m. 62 c. 4 mill. sur 0 m. 65 c. 3 mill. de largeur.

523. — Portraits d'une famille (les femmes).
Peint sur bois.
On ne saurait mieux rendre la nature.
Hauteur, 1 m. 62 c. 4 mill. sur 0 m. 65 c. 3 mill. de largeur.

VOUET (Simon).

Né à Paris en 1582, où il mourut en 1641. Élève de son père (Laurent), artiste sans talent ; étudia à Venise et à Rome, où il fut prince de l'Académie. Regardé généralement comme fondateur de l'école française. Le Brun, Mola, Mignart, Aubin et Claude Vouet, et la plupart des peintres distingués du XVII.e siècle, furent ses élèves.

524. — Apothéose de Saint-Eustache.
Hauteur, 2 m. 59 c. 6 mill. sur 2 m. 32 c. 6 mill. de largeur.

525. — La Paix, figure allégorique.
Ce tableau, dans sa 3.e manière, est d'un ton gris peu agréable.
Hauteur, 1 m. 62 c. 4 mill. sur 1 m. 30 c. de largeur.

526. — Salutation Angélique.
Petit tableau charmant. La Vierge est un modèle de grâce.
Hauteur, 0 m. 51 c. sur 0 m. 38 c. de largeur.

VOUET (Aubin).

Frère et élève du précédent, qu'il aidait dans ses travaux.

527. — Un moine ressuscitant un mort.

Tableau capital de ce maître, qui travailla rarement seul, et qui, pour cette raison, est peu connu.

Hauteur, 1 m. 51 c. 6 mill. sur 1 m. 13 c. 5 mill.

ZAFT LEVEN (Hermann). *École flamande.*

Né à Rotterdam en 1609, où il mourut en 1685. Élève de Van-Goyen.

528. — Intérieur. Vieille femme assise et endormie; objets de ménage groupés autour d'elle.

Hauteur, 0 m. 43 c. sur 0 m. 65 c.

ZIEGLER.

Peintre vivant.

529. — Daniel dans la fosse aux lions.

(*Deus meus angelum misit et conclusit leonum ora.*) Livre de Daniel, chap. 6, verset 22.

Hauteur, 3 m. sur 2 m. 16 c.

ZUCCHERO (Taddéo). *École romaine.*

Né dans le duché d'Urbin en 1529, mort en 1566. Il fut élève de son père, Ottavino Zucchero, qu'il surpassa. Ses travaux pour les papes Jules III et Paul IV, et ceux qu'il fit pour le cardinal Farnese, témoignent de son beau talent. Ses compositions sont d'un genre élevé, son dessin est savant, et son coloris vague et léger.

On lui attribue :

530. — Tableau allégorique. Les vertus cardinales.

Composition savante et grandiose. Morceau original.

Hauteur, 0 m. 40 c. 5 mill. sur 0 m. 32 c. 4 mill. de largeur.

ZURBARAN (Francisco). *École espagnole.*

Né à Fuente de Cantos, en Estramadure, en 1598; mort à Madrid en 1662. Il reçut les principes d'un élève du divin Moralès, et se perfectionna dans l'école de Paul de las Roelas. Fidèle à la nature, il l'étudiait sans cesse, ainsi que les œuvres des grands maîtres, et principalement des Carrache. Sa fécondité fut extrême. Velasquez lui fit peindre les travaux d'Hercule pour Philippe IV.

531. — Saint-François d'Assise, en extase, tient une croix dans ses bras.

Hauteur, 65 c. sur 48 c. 5 mill. de largeur.

WAEL (Corneille de).

Naquit à Anvers en 1594. Élève de son père, Jean de Wael.

532. — L'arracheur de dents.

Hauteur, 0 m. 35 c. 4 mill. sur 0 m. 46 c. 9 mill.
Nous avons la gravure de ce tableau.

533. — Le retour de l'Enfant prodigue.

Hauteur, 0 m. 48 c. 6 mill. sur 0 m. 65 c. 3 mill. de largeur.

534. — L'Enfant prodigue chez des filles de joie.

Hauteur, 0 m. 48 c. 6 mill. sur 0 m. 65 c. 3 mill.

WATEAU (Antoine). *École française.*

Né à Valenciennes en 1684, mort à Nogent-sur-Seine en 1721. Élève de Gillot, puis de Claude Audran. Il imitait parfaitement la nature : la touche de son pinceau est fine et spirituelle, et son coloris brillant et frais. Ses élèves, J.-B. Pater et Nicolas Lancret, ont imité sa manière, mais n'ont point égalé leur maître.

535. — Arlequin, dans une carriole traînée

par un âne, rencontre Pantalon, Pierrot et Colombine.
Bon Wateau.
Largeur, 0 m. 81 c. 5 mill. sur 0 m. 62 c. 1 mill. de hauteur.

WATEAU, fils du précédent.

536. — Fantassins en marche. (Gravé.)
Hauteur, 0 m. 54 c. sur 0 m. 46 c. 9 mill. de largeur.

WINANTS (Jean).

Né à Harlem vers 1600, sa mort est inconnue. Adrien Vanden-Velde et Philippe Wouwermans furent ses élèves.

On lui attribue :

537. — Paysage pris sur les bords du Rhin.
Hauteur, 0 m. 36 c. sur 0 m. 40 c.

538. — Autre pris sur les bords du Rhin.
Pendant.
Hauteur, 0 m. 36 c. sur 0 m. 40 c.

WINCKENBOOMS (David). *École flamande.*

Élève de R. Savery et de Breughel. Il naquit à Malines en 1578, et vivait encore en 1604. Élève de son père. Il peignait presque tous les genres avec succès. Sa touche était fine, légère, et son coloris remarquable.

539. — Paysage. Des voleurs attaquent et dépouillent des voyageurs au milieu d'une forêt.
Tableau finement peint (sur bois). Il porte la date de 1603, et est signé.
Largeur, 0 m. 43 c. sur 0 m. 27 c.

WOUWERMANS (Philippe). *École hollandaise.*

Né à Harlem en 1620, où il mourut en 1668. Élève de

Jean Winants, peintre célèbre, dont il imita la manière, mais qu'il surpassa dans le dessin. Il excellait à peindre les chevaux. Sa couleur est claire, légère et transparente; son pinceau flou et moelleux. Ce maître est regardé comme un des premiers de l'école hollandaise. Son fils fut son élève, ainsi que Jean Griffier.

540. — Un cavalier en observation sur une petite île. Au loin, on attaque un pont.

Cet ouvrage est peint dans sa première manière, qu'on préfère à la seconde, qui est un peu grise.

Hauteur, 0 m. 243 mill. sur 0 m. 189 mill.

WOUWERMANS, frère du précédent. *École hollandaise.*

Il n'égala jamais son frère : sa touche est plus sèche et sa couleur moins transparente.

541. — Un cavalier fait boire son cheval, un autre donne l'aumône.

Bien jolie production.

Hauteur, 0 m. 243 mill. sur 0 m. 27 c.

ÉCOLE ESPAGNOLE.

542. — Tête de Saint. Forme ovale.
Hauteur, 0 m. 41 c. sur 0 m. 30 c.

543. — Saint-François d'Assise rendant le dernier soupir, dans les bras de deux Anges.
La figure du Saint est fort remarquable.
Hauteur, 1 m. 30 c. sur 0 m. 81 c.

544. — Moine lisant à la lueur d'un flambeau.
Hauteur, 0 m. 70 c. sur 0 m. 50 c.

545. — Vieille femme et jeune fille.
Elle allume à sa lanterne une chandelle.
Hauteur, 0 m. 64 c. sur 0 m. 52 c.

546. — Enfant blond habillé de rouge.
Hauteur, 0 m. 38 c. sur 0 m. 27 c.

546 bis. — Saint-Pierre en prière.
Demi-figure.
Hauteur, 0 m. 976 mill. sur 0 m. 81 c.

547. — Saint-Jérôme.
Demi-figure.
Hauteur, 0 m. 976 mill. sur 0 m. 81 c.

548. — Jeune femme montrant un stigmate sanglant à un vieillard ; scène de nuit habilement éclairée.
Bon tableau de maître.
Largeur, 0 m. 976 mill. sur 0 m. 815 mill.

549. — Paysan tenant une bouteille garnie de paille.
Largeur, 0 m. 653 mill. sur 0 m. 40 c.

550. — Paysanne portant un panier au bras. Elle tient un nid d'oiseaux.
Hauteur, 0 m. 40 c. sur 0 m. 324 mill.

551. — Assomption.
(Croquis.)
Hauteur, 0 m. 35 c. sur 0 m. 30 c.

552. — Évêque en contemplation devant la Vierge ; un ange lui montre le commencement de l'Évangile selon Saint-Jean.
Hauteur, 0 m. 653 mill. sur 0 m. 60 c.

553. — Personnages espagnols arrêtés près d'une ruine; un homme joue de la guitare.
Hauteur, 0 m. 47 c. sur 0 m. 62 c. de largeur.

554. — Jésus au Jardin des Olives. Rond (sur bois).
Diamètre, 0 m. 30 c.

555. — Saint-François en prière.
Hauteur, 0 m. 50 c. ; largeur, 0 m. 38 c.

556. — Un jeune paysan faisant braire un âne.
Hauteur, 0 m. 62 c. sur 0 m. 74 c.

557. — Assomption.
(Croquis.)
Hauteur, 0 m. 90 c. sur 0 m. 45 c.

ÉCOLE FRANÇAISE.

552 *bis*. — Portrait d'homme vêtu de noir, collet blanc.
Hauteur, 0 m. 60 c. sur 0 m. 45 c.

553 *bis*. — Sainte-Thérèse en extase et près de recevoir le trait de l'amour divin.
Largeur, 0 m. 70 c.; hauteur, 0 m. 54 c.

553 *ter*. — L'Ange Gardien.
Un jeune enfant, prêt à quitter la terre sous la conduite d'un Ange, est effrayé par Satan, qui voudrait le saisir.
Hauteur, 1 m.; largeur, 0 m. 85 c.

554 *bis*. — Portrait de Gaston de Renty (sur bois).
Hauteur, 0 m. 35 c. sur 0 m. 297 mill.

555 *bis*. — Grand paysage. Chasse au cerf dans une forêt ; personnages costumés historiquement.
Cet ouvrage est traité en ébauche par un bon peintre.
Hauteur, 1 m. 057 mill. sur 1 m. 408 mill.

556 *bis*. — Beau portrait d'un magistrat du temps de Louis XIV.
Cet ouvrage pourrait être de Rigaud.
Hauteur, 0 m. 81 c. sur 0 m. 65 c.

557 *bis*. — Portrait d'un docteur en médecine : le livre qu'il feuillette est appuyé sur une tête de mort.
Hauteur, 1 m. 138 mill. sur 0 m. 81 c.

558. — Henri IV et sa famille, entourés de courtisans, sont à table sous un baldaquin. On peut croire que c'est un rendez-vous de chasse, dans la forêt de Fontainebleau.
Carré d'1 mètre.

559. — Portrait d'une belle dame de la cour de Louis XIV ; manches à volants de dentelle.
Hauteur, 0 m. 76 c. sur 0 m. 653 mill.

560. — Portrait d'une jeune et belle femme blonde de la cour de Louis XIV, ayant des fleurs dans les cheveux.
Hauteur, 0 m. 76 c. sur 0 m. 653 mill.

561. — Portrait d'une jeune et belle femme brune.
Hauteur, 0 m. 76 c. sur 0 m. 653 mill.

562. — Portrait d'une femme sur le retour; un voile noir couvre en partie ses cheveux.
Bon portrait.
Largeur, 0 m. 324 mill. sur 0 m. 38 c.

563. — Pape écrivant un ouvrage; un Ange tient sa croix papale.
Hauteur, 1 m. 354 mill. sur 0 m. 976 mill.

564. — L'Ange indiquant à Agar une source d'eau vive (sur bois).
Largeur, 0 m. 324 mill. sur 0 m. 243 mill.

565. — Saint-Agnès (sur bois).
Tableau rond de 0 m. 15 c.

566. — Portrait de Diane de Poitiers : costume de cour très-riche. On y remarque le chiffre ∧ avec)(sur la robe.
En buste, grandeur naturelle.

567. — Portrait de François II enfant.
Hauteur, 0 m. 50 c. sur 0 m. 40 c.

568. — Portrait de Charles IX enfant.
Hauteur, 0 m. 62 c. sur 0 m. 50 c.

569. — Portrait d'une jeune fille peintre (sur cuivre).
Tableau moderne appartenant à l'école de la fin du XVIII.e siècle.

570. — Jeune femme ayant les épaules nues, tenant un vase de fleurs, et sentant un œillet.
Hauteur, 1 m. 138 mill. sur 0 m. 87 c.

571. — Grand paysage; un chemin circule sous des arbres.
Personnages.
Largeur, 1 m. 30 c. sur 0 m. 976 mill.

572. — Tête d'homme, barbe et cheveux noirs.
Expression énergique.
Genre de Drouais.
Largeur, 0 m. 40 c. sur 0 m. 46 c.

573. — Saint-Vincent-de-Paule tenant ses fers (sur cuivre).
Octogone.
Hauteur, 0 m. 11 c. sur 0 m. 08 c.

575. — Portrait de Philippe Duplessis-Mornay (sur bois).
Fait en manière d'ébauche par un habile homme.
Hauteur, 0 m. 58 c. sur 0 m. 48 c.

576. — Portrait d'un enfant de France portant le cordon bleu.
Hauteur, 16 c. sur 13 c. 5 mill.

577. — Berger endormi, bœufs, moutons, etc.
Largeur, 0 m. 324 mill. sur 0 m. 216 mill.

578. — Paysage, figures.

579. — Vue de Rome. Arc de Titus, avec le couvent de Saint-François et un bout du Colisée dans le fond.

580. — Vue de Rome. Ruines du temple de la Paix.
Pendant de l'autre.
Largeur, 0 m. 92 c. sur 0 m. 70 c.

581. — Aras rouge sur son bois; fond de paysage.
Largeur, 0 m. 76 c. sur 0 m. 50 c.

582. — (D'après Callot.) Pèlerins, joueurs de vielle, etc.
Hauteur, 0 m. 653 mill. sur 0 m. 40 c.

583. — Gueux, mendiant.
Pendant du précédent.

584. — Tête de sacrificateur (étude).
Hauteur, 0 m. 44 c. sur 0 m. 35 c.

585. — Sainte Famille en repos. Saint-Joseph et un Ange cueillent des fruits pour l'Enfant Jésus.
Hauteur, 0 m. 653 mill. sur 0 m. 49 c.

586. — Chasse d'un cerf qui s'était réfugié dans les carrières de Montmartre.
Scène aux flambeaux fort bien rendue. La livrée des chasseurs est celle de la maison de Condé ; c'est aussi un peintre du prince de Condé qui en est l'auteur : son nom est ignoré.
Largeur, 0 m. 87 c. sur 0 m. 70 c.

587. — Scènes populaires de carnaval du temps de Louis XIV.

588. — Scènes populaires de carnaval.
Pendant du précédent.
Largeur, 0 m. 70 c. sur 0 m. 60 c.

589. — Sauteurs et danseurs de corde à la foire Saint-Germain.
Hauteur, 0 m. 65 c. sur 0 m. 49 c.

590. — Raisins dans un vase d'or. (Bois.)
Ovale de hauteur, 0 m. 59 c. sur 0 m. 46.

591. — Raisins dans un vase d'or, citron et couteau dans une assiette, verre renversé, jatte de porcelaine avec pâtisserie.
Pendant du précédent.

592. — Polonais offrant à une jeune femme un écrin, pour la séduire.
L'effet de lumière est naturel.
Largeur, 0 m. 43 c. sur 0 m. 40 c.

593. — Saint-Joseph tenant en ses bras l'Enfant Jésus, qui porte une fleur de lis à la main.
Hauteur, 0 m. 70 c. sur 0 m. 62 c.

594. — Plusieurs croquis dans le même cadre. Costumes de Louis XV.
Carré, 0 m. 49 c.

595. — Portrait de jeune homme. Cravate blanche, armure et écharpe rouge.
Hauteur, 0 m. 65 c. sur 0 m. 49 c.

596. — Un chien taché de jaune.
Largeur, 0 m. 65 c. sur 0 m. 49 c.

597. — Samson endormi près de Dalila.
Hauteur, 0 m. 65 c. sur 0 m. 49 c.

598. — Le triomphe d'Alexandre. Copie de Lebrun.
Largeur, 0 m. 92 c. sur 0 m. 68 c.

599. — Sainte-Agathe. Elle présente l'instrument de son martyre.
Hauteur, 0 m. 41 c. sur 0 m. 30 c.

600. — Saint-Alexis.
Hauteur, 0 m. 976 mill. sur 0 m. 82 c.

601. — Portrait de Ruyter.
Hauteur, 0 m. 90 c. sur 0 m. 73 c.

602. — Paysan ouvrant un sac.
Largeur, 0 m. 43 c. sur 0 m. 35 c.

603. — Allégorie de la fragilité des choses humaines.
Une femme demi-nue et couchée présente une tête de mort qu'entoure un serpent, symbole de l'éternité. Un enfant, assis près d'elle, souffle des bulles de savon.
Hauteur, 0 m. 27 c. sur 0 m. 40 c.

604. — Saint-Roch.
Hauteur, 0 m. 43 c. sur 0 m. 35 c.

605. — Portrait de femme blonde draperie rouge.
Hauteur, 0 m. 324 mill. sur 0 m. 324 mill.

606. — Une tête de jeune homme, coiffée d'une toque; manteau blanc.

607. — Portrait d'une femme blonde, vêtue d'hermine avec des bijoux de perles.
Hauteur, 0 m. 73 c. sur 0 m. 60 c.

608. — Sainte-Thérèse méditant sur un crucifix posé sur un lis.
Composition mystique.
Largeur, 0 m. 976 mill. sur 0 m. 70 c.

609. — Paysage. Vénus et Adonis.
Ouvrage fort agréable. Imitation de l'Albane.
Largeur, 0 m. 81 c. sur 0 m. 59 c.

610. — La Justice divine foudroyant le Crime.
Hauteur, 0 m. 64 c. sur 0 m. 40 c.

611. — La charité romaine.
Largeur, 1 m. 10 c. sur 0 m. 85 c.

612. — Ange tenant une branche de lis.
Hauteur, 0 m. 28 c. sur 0 m. 20 c.

613. — Vierge les mains jointes (ovale).
Hauteur, 0 m. 28 c. sur 0 m. 20 c.

614. — Ange (ovale).
Hauteur, 0 m. 28 c. sur 0 m. 20 c.

615. — Un chien taché de jaune.
Hauteur, 0 m. 50 c. sur 0 m. 40 c.

616. — Portrait d'un architecte.
Hauteur, 0 m. 65 c. sur 0 m. 50 c.

617. — Des enfants s'amusent à voir danser des marionnettes.
Hauteur, 0 m. 45 c. sur 0 m. 65 c.

ÉCOLES HOLLANDAISE, FLAMANDE ET ALLEMANDE.

620. — Intérieur d'une tabagie. Fille ayant un chapeau à plumes, attablée avec des hommes. Signé P.
Largeur, 0 m. 80 c. sur 0 m. 65 c.

621. — Marine au clair de lune.
Bien beau tableau.
Largeur, 0 m. 51 c. sur 0 m. 44 c.

622. — Paysage. Vue prise sur les bords de la Méditerranée.
Un berger conduit un troupeau ; des galères et autres bâtiments se voient près du rivage. Belle composition, d'un bon effet ; la couleur en est satisfaisante, quoique manquant de chaleur.
Hauteur, 0 m. 89 c. sur 0 m. 976 mill.

623. — Reniement de Saint-Pierre. Scène à la lumière.
Des soldats jouent aux dés ; une servante tenant une lumière interroge Saint-Pierre. Ouvrage peint avec finesse et naïveté.
Largeur, 1 m. 624 mill. sur 1 m. 138 mill.

624. — Sainte-Hélène en contemplation devant la croix, que soutiennent plusieurs anges.
Hauteur, 0 m. 68 c. sur 0 m. 54 c.

625. — Conversion de Saint-Matthieu (sur cuivre).
Largeur, 0 m. 38 c. sur 0 m. 27 c.

626. — Repas chez Simon (sur cuivre).
Tableaux précieux par leur fini, leur conservation. Ils datent de plus de trois siècles.
Largeur, 0 m. 38 c. sur 0 m. 27 c.

627. — Un coq et deux poules.
Largeur, 0 m. 65 c. sur 0 m. 49 c.

628. — Sainte-Madeleine, couchée sous des rochers, et contemplant le ciel (sur cuivre).
Largeur, 0 m. 20 c. sur 0 m. 15 c.

629. — Tableau de fleurs en guirlande (sur cuivre).
Hauteur, 0 m. 81 c. sur 0 m. 65 c.

630. — Autre tableau de fleurs en guirlande (sur cuivre).

Pendant.
Hauteur, 0 m. 81 c. sur 0 m. 65 c.

631. — Oiseaux morts. Bécasses, piverts, canard, etc.
Largeur, 0 m. 51 c. sur 0 m. 49 c.

632. — Prunes dans un plat de porcelaine (sur cuivre).
Largeur, 0 m. 30 c. sur 0 m. 22 c.

633. — Tentation de Saint-Antoine.
Hauteur, 0 m. 40 c. sur 0 m. 324 mill.

634. — Livres, écritoires, plumes, etc. (sur bois).
Largeur, 0 m. 48 c. sur 0 m. 41 c.

635. — Livres, contrats, instruments de musique, horloge de sable, sur une table couverte d'un tapis. Signé sur l'horloge I. V. M.
Superbe tableau.
Hauteur, 0 m. 78 c. sur 0 m. 68 c.

636. — (Genre de Lenain.) Intérieur. Scène de famille.
Une vieille femme fait manger une petite fille ; une autre fourbit un vase sur le fond d'une barrique.
Excellent tableau de genre.
Largeur, 0 m. 79 c. sur 0 m. 65 c. de hauteur.

637. — Kermesse, ou fête flamande, dans le genre de Teniers.
Largeur, 0 m. 66 c. sur 0 m. 54 c. de hauteur.

638. — Un homme monté sur un cheval attelé à un chariot couvert, arrêté à la porte d'un cabaret de village, reçoit de l'hôtesse un verre de vin rouge.
Buveurs, etc. Bien bon tableau rappelant J. Ottade ; mais moins fin.
Largeur, 0 m. 67 c. sur 0 m. 54 c. de hauteur.

639. — Décollation de Saint-Jean-Baptiste (bois).

Copie d'un tableau d'Albert Durer, peint en 1510.
Largeur, 0 m. 43 c. sur 0 m. 35 c. de hauteur.
Attribué à Albert Durer.

640. — La Vierge et l'Enfant Jésus. Deux anges en adoration (sur bois).
Hauteur, 0 m. 49 c. sur 0 m. 38 c. de largeur.
Gravé dans l'œuvre d'Albert Durer.

641. — Un Pèlerin.
Tête remarquable par la finesse et la chaleur du coloris.
Hauteur, 0 m. 54 c. sur 0 m. 40 c. de largeur.

642. — Intérieur de cuisine, sans figures.
Hauteur, 0 m. 73 c. sur 0 m. 62 c. de largeur.

643. — Portrait de Louis XIII jeune homme.
Hauteur, 0 m. 46 c. sur 0 m. 38 c. de largeur.

644. — Repas d'une famille flamande.
Hauteur, 0 m. 72 c. sur 1 m. 10 c. de largeur.

645. — Saint-Jérôme à genoux devant le crucifix.
Fond de paysage (sur bois).
Hauteur, 0 m. 62 c. sur 0 m. 52 c.

646. — Paysage, ferme italienne. Sur le devant, plusieurs vaches et moutons.
Largeur, 0 m. 72 c. sur 0 m. 54 c.

647. — Oiseaux morts de diverses espèces.
Largeur, 0 m. 80 c. sur 0 m. 52 c.

648. — L'ange indiquant à Agar une source d'eau vive.
Hauteur, 0 m. 35 c. sur 0 m. 46 c.

649. — Ce paysage, genre de Hobema, nous représente une vue de Hollande. Deux moulins à vent, une chaumière, un arbre, un canal, sont les objets qui composent ce beau tableau; mais on y trouve aussi un ciel lumineux, une couleur forte et vraie, et une harmonie générale qui vous retient malgré vous.

Hauteur, 0 m. 90 c. sur 1 m. 22 c.

649 *bis*. — Adoration des Rois.
Cette composition, dans le genre de l'ancienne école allemande, nous présente des caractères de têtes si vraies, que l'on a envie de croire que toutes sont des portraits.
Hauteur, 0 m. 90 c. sur 1 m. 22 c.

649 *ter*. — Promenade d'un prince et de princesses en voitures sur une plage; ils sont accompagnés de coureurs à cheval et à pied. Sur cette plage à mer basse se trouvent plusieurs embarcations et un grand nombre de figures.
Ce tableau est attribué à Albert Cuyp.
Hauteur 0 m. 73 c. sur 0 m. 95 c.

ANCIENNE ÉCOLE D'ITALIE.

650. — L'Enfant Jésus caressant sa mère. Fond de paysage.
Bon ouvrage des premiers temps de la peinture à l'huile.
Hauteur, 0 m. 73 c. sur 0 m. 70 c. de largeur.

ÉCOLE D'ITALIE.

651. — Très-beau portrait.
Hauteur, 0 m. 35 c. sur 0 m. 30 c. de largeur.

652. — Vue du palais de la reine Jeanne, qu'on voit près de la Mergellina, à Naples.
Réception solennelle d'une reine arrivant par mer.
École napolitaine.
Largeur, 1 m. 62 c. 4 mill. sur 0 m. 97 c. 6 mill. de hauteur.

653. — La Vierge, l'Enfant Jésus et Sainte-Catherine de Sienne.
Mariage mystique.
Hauteur, 0 m. 49 c. sur 0 m. 35 c. de largeur.

654. — Saint-Jean-de-Dieu.
Demi-figure. Le saint porte un cilice de fer.
Hauteur, 0 m. 50 c. sur 0 m. 38 c. de largeur.

655. — Tête de Satyre ou de Midas.
Largeur, 0 m. 32 c. sur 0 m. 38 c. de hauteur.

655 bis. — Portrait du pape Marcel II.
C'est à tort qu'on a corrigé pour mettre Martin IV.
Marcel Cervius, successeur du pape Jules III, fut élu en 1555. Ennemi du népotisme et du luxe, il ne permit pas à ses parents de venir à Rome. Avant son pontificat, il avait été un des présidents du concile de Trente.

556. — Tableau de fruits et de fleurs.
Cerises, limons, tulipes, etc.
Hauteur, 1 m. 01 c. sur 0 m. 71 c.

557. — Tableau d'oiseaux. Coq, poule, paon et pigeons.
Ce doit être un ouvrage de Bonzel, de Parme.
Hauteur, 1 m. 057 mill. sur 0 m. 79 c.

658. — Tableau de fruits disposés dans des plats de porcelaine.
Un singe mange un fruit (sur bois).
Largeur, 1 m. 354 mill. sur 1 m. 030 mill.

659. — Adoration des bergers (sur albâtre).
Hauteur, 0 m. 27 c. sur 0 m. 16 c.

660. — Lapidation de Saint-Étienne (sur albâtre).
Largeur, 0 m. 25 c. sur 0 m. 19 c.

661. — Conversion de Saint-Paul (sur albâtre).
Largeur, 0 m. 25 c. sur 0 m. 19 c.

662. — Mariage mystique de Sainte-Catherine de Sienne. Fond doré (sur bois).
Hauteur, 0 m. 324 mill. sur 0 m. 25 c.

663. — Un amant et sa maîtresse.
Hauteur, 0 m. 976 mill. sur 0 m. 653 mill.

664. — Prêtre montrant un corporal sanglant.
Esquisse.
Hauteur, 0 m. 90 c. sur 0 m. 70 c.

665. — Sainte-Madeleine. Demi-figure nue.
Ses mains sont jointes. Elle lit et médite.
Largeur, 0 m. 70 c. sur 0 m. 90 c.

666. — Portrait d'une chanteuse italienne à la mode du XVI.e siècle.
Justaucorps rouge, la tête ornée d'une cocarde; elle tient un rouleau de musique.
Hauteur, 0 m. 68 c. sur 0 m. 60 c.

667. — Saint-Barthélemy tenant l'instrument de son martyre. Demi-figure.
Largeur, 0 m. 52 c. sur 0 m. 70 c.

668. — Saint-Sébastien vu de profil et à mi-corps.
Hauteur, 0 m. 976 mill. sur 0 m. 70 c.

669. — Sainte Famille : l'Enfant Jésus, debout sur une table, tient dans la main gauche un chardonneret; il est soutenu par sa mère : derrière eux, Saint-Joseph appuyé sur un bâton.
École de Bellin, vers 1500.
Hauteur, 0 m. 60 c. sur 0 m. 43 c.

670. — Jeune fille joignant les mains et levant les yeux au ciel.
Hauteur, 0 m. 324 mill. sur 0 m. 243 mill.

671. — Saint-Marc composant son Évangile.
Largeur, 0 m. 35 c. sur 0 m. 43 c.

672. — Raisins, figues, passe-musqués, etc.
Excellent tableau de genre.
Hauteur, 0 m. 38 c. sur 0 m. 324 mill.

673. — Enfant apportant des fleurs à une belle femme demi-nue.

C'est une image du printemps.
Largeur, 1 m. 30 c. sur 0 m. 976 mill.

674. — Portrait du cardinal Paul-Émile, évêque de .... coiffé de la barrette rouge. Il porte moustache.
Largeur, 0 m. 41 c. sur 0 m. 62 c.

675. — Saint-Jérôme tenant une tête de mort et méditant (sur bois).
Bon tableau.
Hauteur, 0 m. 216 mill. sur 0 m. 189 mill.

676. — Abraham, suivi d'Isaac, portant du bois pour le sacrifice (ovale sur bois).
Ce tableau, sans grand mérite, est de Gobbo des Carraches.
Largeur, 0 m. 324 mill. sur 0 m. 270 mill.

677. — Saint-Sébastien, demi-figure.
Hauteur, 0 m. 976 mill. sur 0 m. 76 c.

678. — Christ couronné d'épines, et tenant un roseau.
Hauteur, 0 m. 52 c. sur 0 m. 43 c.

679. — Fruits et fleurs: raisins, pêches, tulipes et anémones.
Hauteur, 0 m. 976 mill. sur 1 m. 192 mill.

680. — La danse du Mai (bois).
Fond de paysage.
Largeur, 0 m. 90 c. sur 0 m. 56 c.

681. — Paysage historique, personnages sur le devant, fond de montagne.
Largeur, 1 m. 30 c. sur 0 m. 976 mill.

682. — Berger antique soufflant dans un instrument champêtre.
Hauteur, 0 m. 976 mill. sur 0 m. 73 c.

683. — Sainte-Lucie tenant la palme du martyre; elle la montre des yeux, pour indiquer le supplice qui lui est réservé.

Très-bon tableau de l'école du Dominiquin (sur bois).
Hauteur 0 m. 976 mill. sur 0 m. 82 c.

684. — Portrait d'un très-jeune homme rappelant assez un Saint-Jean.
Hauteur, 0 m. 35 c. sur 0 m. 27 c.

685. — Portrait d'une jeune religieuse.
Joli portrait, plein de grâce et de vérité, d'un relief étonnant.
Hauteur, 0 m. 324 mill. sur 0 m. 270 mill.

686. — Vieillard d'une expression énergique; il tient une tête de mort, et semble parler à quelqu'un.
Cette figure, d'un grand effet, est peinte d'une manière fort originale.
Hauteur, 0 m. 71 c. sur 0 m. 65 c.

687. — Portrait du pape Pie V, d'après Scipion Gaëtano, célèbre peintre de portraits vers le milieu du XVI.e siècle.
Son véritable nom est Scipion Pulzone de Gaëte (école romaine).
Hauteur, 0 m. 38 c. sur 0 m. 27 c.

688. — Portrait du pape Innocent XI.
Hauteur, 0 m. 41 c. sur 0 m. 27 c.

689. — Portrait d'un pape, d'après Scipion Gaëtano.
Hauteur, 0 m. 65 c. sur 0 m. 46 c.

690. — Portrait du pape Innocent XII (Pignatelli).
Hauteur, 0 m. 43 c. sur 0 m. 46 c.

691. — Saint-Simon, apôtre; il tient une scie, instrument de son martyre.
Hauteur, 0 m. 62 c. sur 0 m. 49 c.

692. — Adoration des bergers; fond de paysage.
Ce tableau paraît être de Francesco Torbido Veronais, dit le More, qui était élève de Giorgion.
Largeur, 1 m. 03 c. sur 0 m. 81 c.

693. — Vue de Rome.
Au premier plan, on voit partie d'un temple d'ordre dorique; dans le fond, ruines portant une inscription.
Hauteur, 0 m. 57 c. sur 0 m. 46 c.

694. — Tableau allégorique. Femmes, génies portant des fleurs.
Retour du printemps.
Largeur, 0 m. 46 c. sur 0 m. 41 c.

695. — Joseph racontant ses songes à ses frères.
Largeur, 0 m. 84 c. sur 0 m. 73 c.

696. — Récollet tenant un crucifix.
Portrait d'une exécution facile.
Hauteur, 0 m. 52 c. sur 0 m. 41 c.

697. — Tableau de fleurs, principalement d'œillets.
Hauteur, 0 m. 41 c. sur 0 m. 35 c.

698. — Fleurs variées dans un vase doré : la base figure des griffons.
Largeur, 0 m. 54 c. sur 0 m. 46 c.

699. — Portrait d'un chanoine en bonnet carré, moustaches et cheveux gris.
Bon portrait.
Hauteur, 0 m. 46 c. sur 0 m. 38 c.

700. — Tête d'ange, auréole dorée.
Hauteur, 0 m. 653 mill. sur 0 m. 54 c.

701. — Tête de Vierge, auréole dorée.
Pendant du précédent.

702. — Les trois jeunes gens dans la fournaise, demi-figures.
Largeur, 0 m. 653 mill. sur 0 m. 49 c.

703. — L'Ange et la Vierge, auréoles dorées.
Largeur, 0 m. 653 mill. sur 0 m. 49 c.

704. — La Vierge africaine.
Hauteur, 0 m. 60 c. sur 0 m. 44 c.

705. — Paysage. Site des environs de Naples.

Trois personnes dansent au son de la vielle, près d'un lac. On aperçoit la mer. Ouvrage naïvement composé, et peint avec légèreté.

Largeur, 0 m. 57 c. sur 0 m. 41 c.

706. — Tableau de fruits. Une jeune fille les arrange.

Largeur, 1 m. 273 mill. sur 1 m. 232 mill.

707. — Portrait de Nicolas Poussin jeune homme.

Hauteur, 0 m. 49 c. sur 0 m. 38 c.

708. — Sainte Famille.

Saint-Jean donne un chardonneret à Jésus.

Hauteur, 0 m. 976 mill. sur 0 m. 70 c.

709. — Intérieur d'une mosquée.

Largeur, 1 m. 354 mill. sur 0 m. 976 mill.

710. — La Vierge et l'Enfant Jésus accueillant le petit Saint-Jean. Derrière eux, Saint-Barthélemy.

Cet ouvrage est d'un grand caractère, et sort nécessairement de l'école de Florence (bois).

Attribué par quelques-uns à Michel-Ange (en détrempe).

Hauteur, 0 m. 84 mill. sur 0 m. 82 c.

711. — Tête de vieillard voilée.

Largeur, 0 m. 46 c. sur 0 m. 82 c.

712. — L'Enfant Jésus, sur les genoux de sa mère, présente une branche de lis à Sainte-Catherine d'Alexandrie.

Hauteur, 0 m. 976 mill. sur 0 m. 74 c.

713. — Jésus mort, soutenu par un Ange.

Hauteur, 0 m. 68 c. sur 0 m. 49 c.

714. — Sainte Famille.

L'Enfant Jésus dort sur sa mère, qui désigne le ciel comme le véritable lieu de repos de son fils. Saint-Joseph sommeille.

Hauteur, 0 m. 653 mill. sur 0 m. 49 c.

715. — La Foi, l'Espérance et la Charité (bois).
Largeur, 0 m. 27 c. sur 0 m. 378 mill.

716. — La Reine des Cieux tenant son fils, et bénissant le Monde.
Largeur, 0 m. 243 mill. sur 0 m. 324 mill.

717. — Tancrède et Herminie.
Largeur, 0 m. 653 mill. sur 0 m. 49 c.

718. — La Vierge les mains jointes.
Hauteur, 0 m. 653 mill. sur 0 m. 46 c.

719. — Portefaix italien faisant des ballots, près d'un portique en ruine.
Une belle fontaine et beaucoup de maisons annoncent une ville importante. Cette composition est pleine de mouvement, l'exécution en est lâchée.
Hauteur, 0 m. 38 c. sur 0 m. 36 c.

720. — Pendant du précédent.
Composition du même genre : on voit une tour carrée.

721. — Portrait d'un religieux à barbe grise courte.
Largeur, 0 m. 324 mill. sur 0 m. 38 c.

722. — Paysage. Un homme et une femme sur le premier plan.
Ciel chaud et sans nuages. Touche hardie, ouvrage d'un bon praticien.
(De Borgio-Lombardo.)
Largeur, 0 m. 976 mill. sur 0 m. 707 mill.

723. — (De Pampino Alessandrino.) Paysage à quatre plans.
Composition bizarre, non sans mérite.
Hauteur, 0 m. 869 mill. sur 0 m. 76 c.

724. — (De Fiamingo Schizzo). Jésus-Christ portant sa croix.
Esquisse d'un grand tableau qui existait à Rome dans une chapelle de Saint-Pierre *in Montorio*.
Largeur, 0 m. 653 mill. sur 0 m. 46 c.

725. — Sainte Famille.
Hauteur, 1 m. sur 0 m. 73 c.

726. — Bohémienne disant la bonne aventure.
Largeur, 1 m. 114 mill. sur 0 m. 62 c.

727. — Hérodiade recevant la tête de Saint-Jean.
Hauteur, 0 m. 92 c. sur 0 m. 70 c.

728. — Lot donnant l'hospitalité aux trois Anges.
Largeur, 0 m. 95 c. sur 0 m. 68 c.

729. — La Charité romaine.
Largeur, 0 m. 70 sur 0 m. 976 mill.

730. — Le Christ mort, entre deux anges.

731. — Enfant nu.
Largeur, 0 m. 48 c. sur 0 m. 89 c.

732. — Autre enfant nu.
Largeur, 0 m. 48 c. sur 0 m. 89 c.

733. — Vieille femme méditant sur une tête de mort, éclairée par un flambeau qu'elle tient à la main.
Hauteur, 0 m. 653 mill. sur 0 m. 52 c.

734. — Andromède et Persée. (Bon tableau.)
Hauteur, 0 m. 55 c. sur 0 38 c.

735. — Tête d'apôtre.
Hauteur, 0 m. 297 mill. sur 0 m. 189 mill.

736. — Vierge en prière, les mains jointes.
Hauteur, 0 m. 653 mill. sur 0 m. 44 c.

737. — Vue d'un couvent sur le bord de la mer (grisaille).
Hauteur, 0 m. 49 c. sur 0 m. 976 mill.

738. — Sainte Femme couverte d'un voile et du manteau bleu.
Hauteur, 0 m. 653 mill. sur 0 m. 44 c.

739. — L'Enfant Jésus donnant la paix au monde, et assis sur des nuages.
Hauteur, 0 m. 40 c. sur 0 m. 324 mill.

740. — Tête de femme enveloppée d'un voile blanc et d'un manteau bleu, les mains jointes.
Hauteur, 0 m. 52 c. sur 0 m. 44 c.

741. — Tobie et l'Ange.
Hauteur, 0 m. 653 mill. sur 0 m. 87 c.

742. — Tobie en prière.
Hauteur, 0 m. 653 mill. sur 0 m. 62 c.

743. — Tête de vieillard.
Hauteur, 0 m. 46 c. sur 0 m. 38 c.

744. — Apollon écorchant Marsyas.
Carré, 1 m. 462 mill.

745. — Guirlande de fleurs autour de laquelle volent plusieurs oiseaux.
Hauteur, 0 m. 70 c. sur 1 m. 408 mill.

746. — Psyché et l'Amour, d'après Raphaël.
Hauteur, 0 m. 16 c. sur 0 m. 23 c.

747. — Trois hommes de différentes classes se consultent. La scène se passe au bord de la mer, près d'un port. Serait-ce la conspiration de Mazaniello?
Hauteur, 0 m. 28 c. sur 0 m. 28 c.

748. — La Vierge et l'Enfant Jésus dans les cieux. Des anges volent autour d'eux.
Hauteur, 0 m. 34 c. sur 0 m. 27 c.

749. — Ruines d'Italie, des guerriers
Hauteur, 0 m. 74 c. sur 0 m. 50 c.

750. — La Vierge se présente au temple avec Jésus et Saint-Joseph.
Hauteur, 0 m. 67 c. sur 0 m. 50.

751. — Adoration des bergers.
Hauteur, 0 m. 85 c. sur 0 m. 70 c.
Attribué à Beccafumi de Sienne, mort en 1549.

752. — Repos de la Sainte Famille, avec les armoiries du cardinal de Rohan.
Hauteur, 0 m. 73 c. sur 0 m. 60 c.

753. — Un Ange appuyé sur une horloge de sable.
Hauteur, 0 m. 33 c. sur 0 m. 30 c.

754. — Paysage. Animaux, berger antique.
Hauteur, 0 m. 48 c. sur 0 m. 67 c.

755. — Vierge avec l'Enfant Jésus.
Hauteur, 0 m. 60 c. sur 0 m. 45 c.

756. — Jeune satyre dont on a voulu faire un Saint-Jean.
Tableau mutilé.
Hauteur, 0 m. 65 c. sur 0 m. 55 c.

757. — Tête de Vierge avec un voile bleu.
Hauteur, 0 m. 40 c. sur 0 m. 30 c.

758. — Vierge en lecture, quatre anges sont auprès d'elle.
Hauteur, 0 m. 60 c. sur 0 m. 45 c.

759. — Sainte Famille qui a quelques rapports avec la Vierge dite de Fontainebleau.
Hauteur, 1 m. sur 0 m. 75 c.

760. — Berger soufflant dans un instrument champêtre.
Hauteur, 0 m. 95 c. sur 0 m. 70 c.

761. — Sainte Famille. Saint-Joseph offre une cerise à l'Enfant Jésus.
Hauteur, 0 m. 70 c. sur 0 m. 58 c.

762. — Christ montrant ses plaies.
Hauteur, 0 m. 60 c. sur 0 m. 48 c.

763. — Les quatre saisons. Grand paysage avec figures.
Hauteur, 1 m. sur 1 m. 35 c.

764. — Paysage. Fuite en Égypte.
Largeur, 0 m. 95 c. sur 0 m. 70 c.

765. — Grand paysage.
Largeur, 1 m. 26 c. sur 0 m. 90 c.

766. — Adoration des Rois Mages.
Hauteur, 0 m. 40 c. sur 0 m. 32 c.

767. — Jeune berger vêtu de rouge, avec chèvres.
Hauteur, 0 m. 35 c. sur 0 m. 43 c.

768. — Saint-Paul ermite.
Hauteur, 0 m. 63 c. sur 0 m. 43 c.

769. — Paysage. Sur le devant une femme est à cheval; un homme marche près d'elle.
Hauteur, 0 m. 65 c. sur 0 m. 95 c.

770. — Sommeil de l'Enfant Jésus.
Hauteur, 0 m. 30 c. sur 0 m. 35 c.

771. — Sainte-Femme les mains jointes.
Hauteur, 0 m. 40 c. sur 0 m. 35 c.

772. — Saint-Jean évangéliste. Demi-figure.
Hauteur, 0 m. 65 c. sur 0 m. 50 c.

773. — Herminie et les bergers.
Hauteur, 1 m. 30 c. sur 1 m. 65 c.

774. — Sainte-Femme les yeux levés vers le ciel. Tête colossale.

775. — Un apôtre. Demi-Figure.
Hauteur, 1 m. sur 0 m. 85 c.

776. — Saint-Joseph tient dans ses bras l'Enfant Jésus, qui joue avec sa barbe.
Hauteur, 1 m. sur 0 m. 85 c.

777. — Tête d'apôtre colossale.
Hauteur, 1 m. sur 0 m. 85 c.

778. — Adoration des bergers.
Hauteur, 1 m. 10 c. sur 1 m. 35 c.

779. — David jouant de la harpe.
Hauteur, 1 m. 60 c. sur 1 m.

780. — Jacob chez les filles de Laban.
Hauteur, 1 m. 15 c. sur 1 m. 70 c.

781. — Sainte Famille; l'Enfant Jésus est debout sur les genoux de sa mère.
Hauteur, 1 m. 30 c. sur 1 m.

782. — Tableau de fleurs et de fruits.
Hauteur, 0 m. 75 c. sur 1 m. 10 c.

783. — Fleurs et fruits.
Hauteur, 0 m. 75 c. sur 1 m. 10 c.

784. — Tableau de fruits.
Hauteur, 0 m. 75 c. sur 1 m. 10 c.

785. — Jeune femme armée d'une épée.
Hauteur, 0 m. 75 c. sur 0 m. 60 c.

786. — Un amour.
Demi-figure.
École de Carrache.
Hauteur, 0 m. 40 c. sur 0 m. 40 c.

787. — Des muletiers sont arrêtés près d'une ruine; deux cavaliers arrivent au galop.
Hauteur, 0 m. 48 c. sur 0 m. 64 c.

788. — Calvaire. Jésus sur la croix, entre les deux larrons.
École de Michel-Ange.
Hauteur, 0 m. 53 c. sur 0 m. 40 c.

OUVRAGES TRÈS-ANCIENS.

790. — Baptême de Jésus-Christ par Saint-Jean (Orcagna).
Peint sur bois, en détrempe (forme ogive).
Hauteur, 0 m. 94 c. sur 0 m. 46 c.

791. — La Vierge morte, et entourée des Apôtres (bois).
Peinture en détrempe.
Hauteur, 0 m. 976 mill. sur 0 m. 724 mill.

792. — Jésus mort, et soutenu par deux anges (bois).
Largeur, 1 m. 894 mill. sur 1 m. 084 mill.

793. — (Ouvrage d'un peintre grec.) Madone africaine adorée par deux anges.
Toile et bois.
Peinture en détrempe.

794. — Par un élève du grec Apollonius, au XIII.ᵉ siècle.
Quatre sujets dans un seul cadre (bois). Peint en détrempe.

795. — Sainte-Agnès caressant l'agneau, symbole de sa pureté.
Sur bois et en détrempe.
Hauteur, 0 m. 43 c. sur 0 m. 216 mill.

796. — La Cène. Petit tableau très-précieux (bois). Attribué à Giotto.
Forme ogive.
Hauteur, 0 m. 324 mill. sur 0 m. 111 mill.

797. — La Vierge sur son trône, entourée de Saint-Michel, Saint-Augustin, Saint-Joseph et Saint-Jean-Baptiste. (Par Guido da Sienna.)
Très-joli tableau. (Bois.) Fond doré. A la colle.
Hauteur, 0 m. 324 mill. sur 0 m. 162 mill.

798. — Saint-François d'Assise recevant les stigmates.
Sur bois et à la colle.
Largeur, 0 m. 54 c. sur 0 m. 162 mill.

799. — Jésus mort, et assis dans son tombeau.
Sur bois et à la colle.
Largeur, 0 m. 27 c. sur 0 m. 135 mill.

800. — (Attribué à Dominico Ghirlandaja, en 1451.) Christ en croix entre les deux larrons. Sainte-Vierge, Saint-Jean, Sainte-Marie-Madeleine ; soldats.
Sur bois.
Hauteur, 0 m. 52 c. sur 0 m. 48 c.

801. — Ange dans la posture de l'adoration.
Peint en détrempe ; sur bois, fond doré.
Hauteur, 0 m. 243 mill. sur 0 m. 108 mill.

802. — Autre ange adorant.
Sur bois, peint en détrempe, fond doré.
Hauteur, 0 m. 243 mill. sur 0 m. 108 mill.

803. — Évêque.
Peinture en détrempe, sur bois, fond doré.
Hauteur, 0 m. 35 c. sur 0 m. 108 mill.

ANCIENNE ÉCOLE DE FLORENCE.

804. — Saint-Sébastien et Saint-François d'Assise.
Peint sur bois et en détrempe. Attribué à Masaccio. Ouvrage précieux par sa finesse et sa conservation.
Hauteur, 0 m. 73 c. sur 0 m. 51 c.

805. — Évêque mitré et tenant sa crosse.
Figure entière, peinte en détrempe et sur bois, fond d'or. Attribué à Ghirsandam.
Bel ouvrage.
Hauteur, 0 m. 73 c. sur 0 m. 38 c.

806. — Saint-Antoine et Saint .... évêque (bois).
Attribué à Giotto.

Tableau bien précieux, exécuté en détrempe.
Fond doré et forme ogive.
Hauteur, 1 m. 840 mill. sur 0 m. 70 c.

807. — Mosaïque représentant les ruines du Colisée à Rome.

Hauteur, 0 m. 27 c. sur 0 m. 243 mill.

Ce morceau remarquable fut donné en présent, par le pape Pie VI, à Cacault, notre compatriote, lorsqu'il était à Rome, chargé des affaires de la République près du Saint-Siége.

SCULPTURE.

STATUES.

MARBRES.

810. — Polymnie ; Muse.
Fait à Rome, par *Maximilien*, d'après celle du Vatican, maintenant au Louvre, à Paris.
Statue en marbre blanc.
Hauteur, 1 m. 861 mill.

811. — Statue du jeune Hyacinthe, blessé par Apollon.
Figure inventée et exécutée par *Maximilien*, en marbre blanc, ainsi que le piédestal, qui est orné de fleurs portant le nom de la statue.
Hauteur, 1 m. 624 mill.

812. — Groupe en marbre blanc, représentant Bacchus et Ariane.
Copie d'après l'antique, par *Maximilien*.
Hauteur, 0 m. 54 c.

813. — Pâris, en marbre blanc, par Giraud, pensionnaire à Rome.
Hauteur, 1 m. 354 mill.

814. — Hercule enfant étouffe les serpents envoyés par Junon. (Par Debay fils.)
Marbre d'après une statue antique trouvée dans les fouilles de Pompéï.
Proportion, 1 m. 192 mill.

815. — Pâris tenant la pomme qu'il va donner à Vénus pour prix de la beauté.
Par Seurre, d'après l'antique.
Hauteur, 1 m. 408 mill.

816. — Camille, ou jeune sacrificateur romain.
Statue en marbre, d'après l'antique, par Jaley.
Hauteur, 1 m. 408 mill.
Nota. MM. Debay fils, Seurre et Jaley avaient remporté le grand prix de sculpture à Paris, avant de passer à l'école de Rome.

817. — Milon de Crotone.
Statue en bronze, d'après Puget, par Desprez.
Hauteur, 0 m. 976 mill.

PLATRES.

818. — Apollon, dit du Belvédère.
Plâtre moulé sur l'antique.
Hauteur, 2 m. 30 c.

819. — Vénus, dite de Médicis, moulée sur l'antique.
Hauteur, 1 m. 516 mill.

820. — Achille.
Moulé sur l'antique qu'on voit au Musée du Louvre, à Paris.
Hauteur, 2 m. 50 c.

821. — Personnage romain en Mercure, dit le Germanicus.
Statue moulée sur l'antique qu'on voit au Louvre, à Paris.
Hauteur, 1 m. 796 mill.

822. — Héros, dit le Gladiateur combattant.
Moulé sur la statue antique qu'on voit au Louvre.
Proportion, 1 m. 99 c.

823. — Hyppomène et Atalante.

Groupe original en plâtre, par Guichard, statuaire.
Donné par M. Dérivas aîné, de Nantes.
Grandeur naturelle.

824. — Madeleine pénitente, d'après celle de Canova.
Grandeur naturelle.

825. — Statue de Flore, dite de Farnèse.
Copie en terre cuite, par *Maximilien*.
Hauteur, 1 mètre.

826. — L'Apolline.
Moulée sur l'original en marbre, par Lamarie, qu'on voit aux Tuileries.
Hauteur, 1 m. 38 c.

827. — Statue de Junon.
Copie en terre cuite, par *Maximilien*, d'après l'antique.
Hauteur, 0 m. 81 c.

828. — Groupe d'Aria et Petus.
Copie en terre cuite, par *Maximilien*.
Hauteur, 0 m. 54 c.

829. — Muse.
Copie en terre cuite, par *Maximilien*, d'après l'antique.
Hauteur, 0 m. 653 mill.

830. — Muse.
Copie en terre cuite, par *Maximilien*, d'après l'antique.

831. — Centaure Borghèse.
Copie en terre cuite, par *Maximilien*, d'après l'antique.
Hauteur, 0 m. 54 c.

832. — Statue de la Victoire.
En plâtre.
Hauteur, 0 m. 324 mill.

833. — Henri IV enfant, par Bosio.
Statue en plâtre, moulée sur l'original en marbre.
Hauteur, 1 m. 30 c.

834. — Hyacinthe mourant, par Debay fils, de Nantes, et donné par lui.

Cette statue lui a valu le premier grand prix de sculpture.

Hauteur, 0 m. 976 mill.

835. — Vénus sortant de l'onde et surprise à la vue d'Adonis, qui lui fait connaître tous les sentiments qu'elle apporte au monde.

Plâtre donné au musée de Nantes par l'auteur, M. Molchneth.

L'original en marbre de cette statue a été acheté par le Roi, qui en a orné sa galerie particulière.

Grandeur naturelle.

836. — Vénus accroupie.

En plâtre, moulée sur l'antique.

Hauteur.

837. — Minerve, dite de Velletri.

Moulée en plâtre sur l'antique que l'on voit au musée de Paris.

Hauteur.

838. — Argus.

Statue de grandeur naturelle (plâtre).

Le gardien d'Io cède au sommeil, excité par les sons de la flûte de Mercure et l'influence de son caducée; par Debay père.

839. — Mercure.

Mercure, ayant endormi Argus, saisit son épée pour lui couper la tête.

Les originaux de ces deux statues se voient au château de Compiègne ; par Debay père.

Statue de grandeur naturelle (plâtre).

840. — Le Discobole.

Statue de grandeur naturelle (plâtre).

Athlète s'exerçant avec un disque ou palet.

Ces trois statues, ouvrage de M. Debay père, longtemps notre concitoyen, ont été données au Musée par M. Varsavaux, député.

841. — Moïse.

Plâtre, moulé sur une copie du Moïse de Michel-Ange, faite par *Seglas*, pensionnaire français à Rome.
Hauteur, 0 m. 817 mill.

842. — Un Forban.
Par Amédée Ménard, à Nantes.
Statue en plâtre.

843. — Minerve, dite de Justiniani.
Plâtre; moulée sur une copie faite par *Seglas*.
Hauteur, 0 m. 653 mill.

844. — Taureau.
Plâtre, d'après nature.

845. — Vache.
Plâtre, d'après nature.

846. — La Liberté.
Statue par M. David, d'Angers, et donnée par son ami, M. Guépin, docteur-médecin.

847. — La Vénus de Milo.
Cette belle statue a été découverte par hasard au mois de février 1820 dans l'île de Milo.
Moulée sur l'antique.
Hauteur, 2 m. 038 mill.; 6 p. 3 p. 4 l.

848. — Cérès.
Moulée sur l'antique.
Cette statue est surtout remarquable par la beauté des draperies.
Hauteur, 1 m.

BUSTES.

MARBRES.

849. — Tête de l'empereur Adrien, rapporté

d'Éphèse et donné au musée par M. de Cornulier (Victor), officier de marine.

850. — Buste.
En marbre statuaire de Mathurin Crucy, ancien pensionnaire du roi à Rome, architecte, auteur de la salle de spectacle, de la Bourse, du cours Henri IV, du Musée, etc., de Nantes.
Donné par l'auteur, M. Debay fils.

851. — Portrait colossal de Napoléon.
En marbre blanc, fait d'après nature par Maximilien.

852. — Portrait de Louis XVIII. Bronze.

853. — Tête de Nymphe.
En marbre statuaire, copiée à Rome d'après l'antique.

854. — Tête de la mère Niobé.
En marbre statuaire, copiée d'après l'antique.

855. — Tête d'une des filles de Niobé.
En marbre statuaire, copiée d'après l'antique.

856. — Tête d'une autre des filles de Niobé.
En marbre statuaire, copiée d'après l'antique.

857. — Buste d'Apollon.
En marbre statuaire, copié à Rome d'après l'antique.

858. — Tête de philosophe.
Copiée d'après l'antique.

859. — Tête de philosophe.
Copiée d'après l'antique.

860. — Tête de philosophe.
Copiée d'après l'antique.

861. — Tête de Brutus.
En marbre statuaire, copiée à Rome d'après l'antique. Grandeur originale.

862. — Tête de Méduse.
En marbre statuaire, copiée à Rome d'après l'antique. Grandeur originale.

863. — Tête d'Isis.

En marbre statuaire, copiée à Rome d'après l'antique. Grandeur originale.

864. — Tête d'Isis.
En marbre statuaire, copiée à Rome d'après l'antique. Grandeur originale.

865. — Tête de femme.
En marbre statuaire, d'après l'antique.

865 bis. — Tête de femme.
En marbre statuaire, d'après l'antique.

865 ter. — Tête de femme.
En marbre, d'après l'antique.

866. — Portrait du général Dumoustier, par M. Suc, de Nantes.

867. — Médaillon. Buste d'un guerrier.
Donné par M. Constant Verger.

868. — Médaillon. Buste de femme.
Donné par M. Constant Verger.

869. — Médaillon, en marbre statuaire, représentant l'Antinoüs antique de la *Villa Albani*.
Copie faite à Rome.

870. — Médaillon en bronze.
Portrait d'homme.

871. — Vase de la *Villa Médicis*.
En marbre statuaire, copié à Rome d'après l'antique.

872. — Vase de la *Villa Borghèse*.
En marbre statuaire, copié à Rome d'après l'antique.
Ces deux vases furent donnés en présent par le pape Pie VI à Cacault, notre compatriote, lorsqu'il était à Rome, chargé des affaires de la république française près du Saint-Siége.

873. — Vase en marbre statuaire.
Copié d'après l'antique trouvée dans la *Villa Adriana*, près de Tivoli, à 24 kilom. de Rome, et depuis, transportée en Angleterre par Hamilton.
Grandeur originale.

874. — Cassolette en marbre statuaire, décorée de têtes de béliers.
Copiée d'après l'antique.
Diamètre, 50 c.

875. — Très-belle cheminée.
En marbre statuaire, de 1. m. 826 mill. de long sur 1 m. 385 mill. de haut.
L'architrave est décorée de trois médaillons en mosaïque, représentant un chardonneret, un verdier et un pinson. Les pilastres sont incrustés d'agate. Un chapelet de cuivre doré entoure tous ces ornements.

876. — Autre cheminée.
En marbre statuaire, de 1 m. 66 c. de long sur 1 m. 33 c. de haut. Style sévère.
L'architrave est ornée de bas-reliefs représentant des chimères, et supportée par deux colonnes et quatre pilastres cannelés.

877. — Table de lumachelle grise.
Formée en grande partie de coquilles d'huîtres.
Longueur, 1 m. 083 mill.; larg., 0 m. 552 mill.

878. — Table.
Plaquée de divers échantillons de laves, entourée de cercles de lave blanche, de marbre jaune de Siam et de marbre rouge antique.
Longueur, 1 m. 33 c. sur 0 m. 66 c.

879. — Table de porphyre.
Longueur, 1 m. 083 mill. sur 0 m. 524 mill. de large.

880. — Quatre colonnes.
L'une en marbre jaune de Siam, et les autres en marbre brèche violette.

881. — Belle tête de guerrier, coiffée d'un casque moyen âge.
Bas-relief en granit.
Donné par M. Guesdon, architecte.

882. — Portrait de Lemoyne, sculpteur français du dernier siècle.
Buste en terre cuite, bronzé par Pajou, son élève,

et donné par son petit-fils Lemoyne, administrateur de la marine à Nantes.

883. — Portrait colossal de Washington.
Terre cuite.

884. — Portrait de Chaumont, peintre.
Terre cuite. Par Debay père.

PLATRES.

885. — Buste de Pie VI.
Plâtre, fait à Rome par Le Brun, sculpteur français. Grandeur un peu au-dessus de nature.

886. — Buste de Pie VII.
Plâtre, fait par Pacetti, sculpteur romain. Grandeur naturelle.

887. — Portrait colossal de Rezzonico, le pape Clément XIII.
Plâtre, original du marbre placé sur le tombeau de ce pontife, élevé dans l'église de Saint-Pierre, à Rome, et exécuté par Canova.

888. — Portrait de Piranesi père, dessinateur et graveur.
Un peu plus grand que nature.

889. — Portrait de Canova.
Plâtre, fait d'après nature, par d'Este.

890. — Portrait de Talma dans le rôle de Néron, de Britannicus.
Plâtre fait en 1813, d'après nature, par Debay père. Donné par M. Salomon Poirier.

891. — Tête d'Auguste, enfant.
Plâtre, moulé sur l'antique.

892. — Alexandre.
Plâtre, moulé sur l'antique. Donné par le conservateur.

893. — Tête colossale de la Minerve de Velletri.

Un des premiers plâtres moulés sur l'original antique.

894. — Tête de philosophe.
Plâtre, moulée à Rome sur l'antique.
Grandeur naturelle.

895. — Tête colossale de Jupiter Sérapis.
Plâtre, moulée à Rome sur l'antique.

896. — Buste colossal de Persée.
Plâtre, moulé sur l'original de Canova.

897. — Tête colossale.
Plâtre, moulée sur le Génie de Canova, faisant partie du tombeau du pape Rezzonico.

898. — Torse d'Adolescent.
Plâtre, moulé sur l'antique.

899. — Torse de Cupidon.
Moulé sur l'antique.

900. — Torse de Vénus.
Plâtre, moulé sur l'antique.

901. — Cinq bas-reliefs, tirés du Parthénon.
En plâtre, moulés sur l'antique.

902. — Bas-relief représentant le char du soleil.

903. — Bas-relief en plâtre, de Canova.
Vénus et les Grâces dansant devant Mars.

904. — Bas-relief de Jean Goujon, représentant Diane chasseresse caressant un cerf.

905. — Bas-relief. Io changée en vache dans les bras de Jupiter.
Moulé sur l'antique.

906. — Buste de Thalie.

907. — Buste de Diane.

908. — Buste d'Antinoüs.

909. — Tête d'Ariane.

910. — Buste du général Tharreau (le baron Jean-Victor).

Moulé sur la statue qui est à Versailles, par Debay père; et donné par sa veuve, Mme Tharreau, à Nantes.

911. — Buste de Bacchus, coiffé de pampre.
Moulé sur l'antique.

912. — Tête d'Esculape, dieu de la médecine.
Moulée sur l'antique.

913. — Statue de François II, duc de Bretagne, couché sur son tombeau.

914. — Statue de Marguerite de Foix, 2.e femme de François II.

Ces deux figures réunies sur le même tombeau, en marbre blanc, élevé en 1507 dans l'église des Carmes, par les ordres de la reine Anne, leur fille, a été exécuté par Michel Columb, sculpteur, né à Saint-Pol-de-Léon, et conservé pendant la Révolution par les soins de Mathurin Crucy, architecte voyer, qui avait su en apprécier tout le mérite.

915. — Buste de la Justice, placée à l'un des angles du tombeau de François II.

On croit que c'est le portrait de la reine Anne, avec la couronne ducale.

916. — Buste de la Sagesse.
Statue du même tombeau, qui doit être aussi un portrait, mais inconnu.

COLLECTION

DE FRAGMENTS D'ORNEMENTS ANTIQUES DE LA GALERIE D'ARCHITECTURE DE L'ÉCOLE ROYALE DES BEAUX-ARTS, A PARIS.

N.os du Musée de Nantes.	N.os du Musée Royal.	
917	— 30	Rosace.
918	— 31	*Idem.*
919	— 46	Tuile.
920	— 147	*Idem.*
921	— 272	*Idem.*
922	— 306	*Idem.*
923	— 375	*Idem.*

Fragment du temple de Jupiter à Olympie.

924	— 396	*Idem*
925	— 397	*Idem.*
926	— 398	*Idem.*
927	— 399	*Idem.*
928	— 400	*Idem.*
929	— 401	*Idem.*
930	— 402	*Idem.*
931	— 403	*Idem.*
932	— 404	*Idem.*
933	— 406	*Idem.*
934	— 81	Face d'un cippe.
935	— 184	*Idem idem.*
936	— 94	Pilastre arabesque.
937	— 95	Suite du susdit pilastre.
938	— 302	Couronnement du pilastre.

939 — 96 Grand pilastre arabesque.
940 — 96 *bis* Suite *idem.*
941 — 96 *ter* Suite *idem.*
942 — 102 Chimère ailée.
943 — 103 Griffon.

Grandeur réduite.

944 — 325 Tombeau de Scipion (*idem*).
945 — 125 Tête de lion et sa griffe portant.
946 — 330 Tête de chimère et sa griffe portant.
947 — 133 Renommée, par Jean Goujon.
948 — 134 *Idem* *idem.*
949 — 136 Grand Mascaron.
950 — 138 *Idem* *idem.*
951 — 157 Frise de rinceaux.
952 — 164 Fragment de frise avec enfant.
953 — 358 Fragment de frise du temple du Soleil, ou frontispice de Néron à Rome.

954 — { 364 1.re partie des rinceaux de la Villa Médicis.
365 2.^c *idem* *idem.*
366 3.^c *idem* *idem.*
367 4.^c *idem* *idem.*

955 — 196 Une proue de vaisseau antique.
956 — 173 Bas-relief étrusque (de l'école d'Egine) de la Villa Albane.

Ce bas-relief, comme les trois suivants, a reçu le nom de Choragique. Tous quatre rappellent une victoire remportée par une tribu athénienne dans le concours solennel des chœurs de musique qui avaient lieu, dans les fêtes d'Apollon et de Bacchus, à Athènes.

Dans le n.º 173, on voit le temple consacré à Apollon Pythien à Athènes, où l'on célébrait les concours des chœurs; trois personnages du chœur paraissent sous les attributs d'Apollon, de Diane et de Latone. La victoire verse une libation en action de grâces; le trépied, prix de cette victoire, se voit au sommet d'une colonne. Les n.ᵒˢ 211, 212, 213, représentent d'autres personnages du chœur dans différents attributs. (Musée Royal.)

957 — 211 *Idem*   *idem.*
958 — 212 *Idem*   *idem.*
959 — 213 *Idem*   *idem.*
960 — 214 *Idem*   grec.
961 — 215 *Idem*   *idem.*
962 — 359 *Idem.* Guirlande de fruits.
963 — 362 Bas-relief provenant de la Villa Albani.

Réconciliation de Xéthus avec Amphion, son frère, par l'entremise de leur mère, Antiope, qui les avait eus de Jupiter. L'original se voit au musée de Paris.

964 — 363 *Idem.* Un Faune et une Ménade.
965 — 179 Feuille du chapiteau intérieur du Panthéon à Rome.
966 — 198 Tête de chimère sur angle.
967 — 282 Figure étrusque.
968 — 247 Chapiteau de la lanterne de Démosthène à Athènes.
969 — 248 Entablement de ladite lanterne.
970 — 249 1.ʳᵉ partie du comble *idem.*
971 — 250 2.ᵉ *idem*   *idem*   *idem.*
972 — 251 3.ᵉ *idem*   *idem*   *idem.*
973 — 252 Ornement du comble *idem.*
974 — 253 1|2 du fût du couronnement.
975 — 254 Couronnement   *idem.*
976 —   Soubassement   *idem.*
977 — 303 Candélabre du Capitole.
978 — 304 Vase forme Médicis avec figures, fond lisse.
979 — 305 *Idem*   *idem*, fond cannelé.
980 — 361 Une base de colonne de la Villa Justiniani.

981 — 408 Chapiteau du temple d'Erechtée à Athènes.
982 — $\begin{Bmatrix}409\\410\end{Bmatrix}$ Ent. dudit temple.
983 — 0 Cymaise grecque.
984 — Masque de Bacchus indien, servant d'anse au vase de porphyre déposé au musée d'Angers.

ORNEMENTS D'ARCHITECTURE

TROUVÉS A NANTES.

985. — Un sphinx romain en pierre.

986. — Une tête de lion, terre cuite.

987. — Une tête de sphinx, pierre.
Ces trois objets sont donnés par M. Duparc.

988. — Trois têtes de béliers, terre cuite et dorée, trouvées dans les fouilles du canal de Nantes à Brest.

989. — Poteau d'angle d'une maison en bois près l'église Sainte-Croix, donné par M. Mêlet.

990. — Ornement en bois donné par M. Giroul.

991. — Vase romain donné par M. de La Tullaye, et trouvé dans les fondations de sa maison rue Notre-Dame.

992. — Quatre chapiteaux du XV.ᵉ siècle, en tuf, sortis de la démolition de l'église Notre-Dame à Nantes.

993. — Fragments, en marbre noir, du tom-

beau de Jean II et Jean III de Bretagne, donnés par M. de la Biliais.

994. — Vase de Bretagne, forme antique.

995. — Vase trouvé dans les fouilles de Saint-Pierre à Nantes, avec des médailles de Henri II, roi d'Angleterre.

996. — Fragment d'une pierre tombale.
Donné par M. Lemasne de Prieres.

997. — Plusieurs fragments d'architecture et sculptures, trouvés dans les fouilles de Saint-Pierre à Nantes.

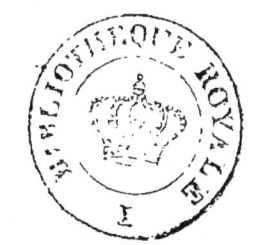

SUPPLÉMENT.

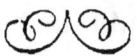

NOTE

POUR

RETROUVER LES NUMÉROS DE CHAQUE MAITRE.

Achard (J.),	5	Bolognese,	15
Akorf (J),	5	Bourguignon,	16
Albane,	6	Bonzel de Parme,	16
André del Sarto,	6	Boeyermans,	16
Angelico,	7	Both,	17
Appelmann,	8	Botticelli,	17
Aretusi,	8	Brascassat,	18
Asselyn,	8	Brakenbürg,	18
Bakuysen,	9	Bredael,	18
Bawr,	9	Breemberg,	19
Barbot,	9	Breughel le Vieux,	19
Bassan (Jacques),	10	Breughel (Abraham),	19
Bassan (Léandre),	10	Breughel (Jean),	20
Le Benedette,	11	Breughel (Pierre),	21
Blanchard (Jacques),	11	Bronzino,	21
Blanchard (L.-Gabriel),	12	Bruandet,	21
Bless (de),	12	Brusasorci,	22
Bloemaert,	12	Bucquet,	22
Bohnn,	13	Boulanger,	22
Bol,	13	Cacault,	22
Benefiale,	13	Calabrois,	23
Bonifacio Veronese,	13	Calvart,	23
Boudwins et Baut,	14	Canaletto,	24
Bourdon,	14	Canova,	25

Cano,	25	Franck,	40
Canuti,	25	Fyt,	41
Cantarino,	26	Garofolo,	41
Caravage,	26	Gaspre,	42
Carducci,	27	Gautier,	42
Caresme,	27	Ghezzi,	42
Carrache (Annibal),	28	Ghisi,	43
Carrache (Louis),	28	Giordano,	43
Carpi,	29	Giorgion,	43
Casanove,	29	Giraud,	44
Castelli,	30	Glauber,	44
Cavedone,	30	Greuze,	45
Champagne,	30	Griff,	45
Chancourtois,	32	Grimoux,	45
Chardin,	32	Guardi,	46
Chompagnio,	32	Guerchin,	46
Clouet,	32	Guido,	47
Colson,	33	Helmbrecker,	48
Coques,	33	Hermann,	48
Corregio,	34	Holbеen,	49
Coypel,	34	De Hooge,	49
Crescenzio,	34	Hue,	49
Crespi,	35	Huet père,	49
D'Anthoine,	35	Jordans,	50
David,	35	Jean de Udine,	50
Decker,	35	Kalf,	50
Delacroix,	36	Krayer,	51
De la Fosse,	36	La Hire,	51
Delestre,	36	Lacroix,	52
Della Bella,	36	Lairesse,	52
Dominiquin,	36	Lambretch,	52
Dosso,	37	Lancret,	52
Doyen,	38	Langevin,	53
Dupré,	38	Le Brun,	53
Durer,	38	Léonard de Vinci,	54
Elzhemer,	38	Le Masne,	55
Feti,	39	L'Espagnolet,	55
Fleury,	39	Lessore,	56
Fouquières,	39	Lesueur,	56
Fragonard,	40	Licherie,	56
France,	40	Lotto,	57
Francia,	40	Lucas,	57

Loutherbourg,	57	Philâtre,	74
Lutti,	57	Philippe,	74
Luini,	58	Piazzetta,	74
Maltais,	58	Pordenone,	74
Manfredi,	58	Potter,	75
Maratti,	59	Poussin,	75
Mario des Fleurs,	59	Poelembourg,	76
Martin,	60	Porbus,	76
Maryn,	60	Primatice,	77
Mather,	60	Pynaker,	77
Mattioli,	61	Quast,	77
Mauperche,	61	Raphaël Sanzio,	78
Michau,	61	Recco,	80
Michel,	62	Rembrandt,	80
Michel-Ange des Batailles,	62	Remont,	81
		Roger,	82
Mieris,	62	Romanelli,	82
Mignard,	63	Roncelli,	82
Mola,	64	Rosa (Salvator),	82
Monnoyer,	64	Rosa de Tivoli,	84
Monper,	65	Roselli (Mathieu),	84
Manglard,	65	Roselli (Cosimo),	84
Mulier,	65	Rouette,	84
Muller,	66	Rosso,	85
Murillo,	66	Rugendas,	85
Natoire,	68	Rubens,	86
Noël,	68	Ruysdael,	88
Oudry,	68	Ryckaert,	88
Ovens,	69	Ricci,	88
Palamède,	69	Sablet (Jacques),	89
Panini,	69	Sablet (François),	89
Patel,	70	Sacchi,	90
Palme,	70	Salimbeni Ventura,	91
Parrocel,	70	Santerre,	91
Passeri,	71	Sarzana,	91
Pater,	71	Sasso Ferrato,	91
Perrot,	71	Schalken,	92
Perugin,	71	Schall,	92
Peters,	72	Schédone,	93
Pieters,	73	Sébastien del Piombo,	93
Pietre de Cortone,	73	Séghers,	94
Pippi,	74	Sigalon,	94

8

Sirani,	94	Véronèse (Paul),	114
Sneyders,	95	Véronèse (Alessandro	
Snave,	95	Turchi),	116
Solimene,	95	Vignon le père,	116
Sodoma,	96	Viso,	116
Spierings,	96	Viviani,	117
Steen,	96	Volaire,	117
Stella,	97	Volterre,	117
Stomeen,	97	Vos (Martin de),	117
Strozzi,	98	Vos (Simon de),	118
Subleyras,	98	Vouet (Simon),	118
Swanevelt,	98	Vouet (Aubin),	119
Tassi,	99	Zaft Leven,	119
Tavella,	99	Ziegler,	119
Tempête,	100	Zucchero,	119
Teniers le père,	100	Zurbaran,	120
Teniers (Abraham),	101	Wael,	120
Teniers (David) le		Wateau (Antoine),	120
jeune,	101	Wateau, fils du précédent,	121
Tibaldi,	102		
Tilborg,	103	Winants,	121
Tintoret,	103	Winckenbooms,	121
Titien Vicelli,	104	Wouwermans (Philippe),	121
Tristan,	105		
Tournières,	106	Wouwermans, frère du précédent,	122
Trevisani,	106		
Van-Ostade,	107		
Valentin,	107	École espagnole,	123
Vanblœmen,	107	École française,	124
Van Artois,	108	Écoles hollandaise, flamande et allemande,	
Van de Luyn,	108		
Vandermulen,	108		130
Van-Dyck,	109	Ancienne école d'Italie,	
Van-Goyen,	109		134
Van-Eyck,	110	École d'Italie,	134
Van-Huysum,	110	Ouvrages très-anciens,	
Vanloo,	110		146
Van-Thielen,	111	Ancienne école de Florence,	
Vasari,	111		148
Velasquez,	111	Sculpture,	150
Vœnius (Otto),	112	Statues,	150
Vernet,	113	Bustes,	154

Collection de fragments d'ornements antiques de la galerie d'architecture de l'École royale des Beaux-Arts, à		Paris,	161
		Ornements d'architecture trouvés à Nantes,	164
		Supplément,	166

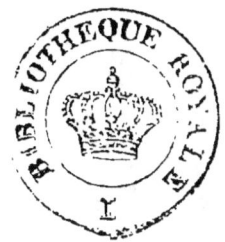

Nantes, imprimerie de Mme v.^e Camille Mellinet. — 41,337.

www.ingramcontent.com/pod-product-compliance
Lightning Source LLC
Chambersburg PA
CBHW052254220526
45471CB00001B/331